首都圏版㉕　最新入試に対応！ 家庭学習に最適の問題集!!

国府台女子学院小学部
昭和学院小学校

2024年度版 過去問題集

合格までのステップ

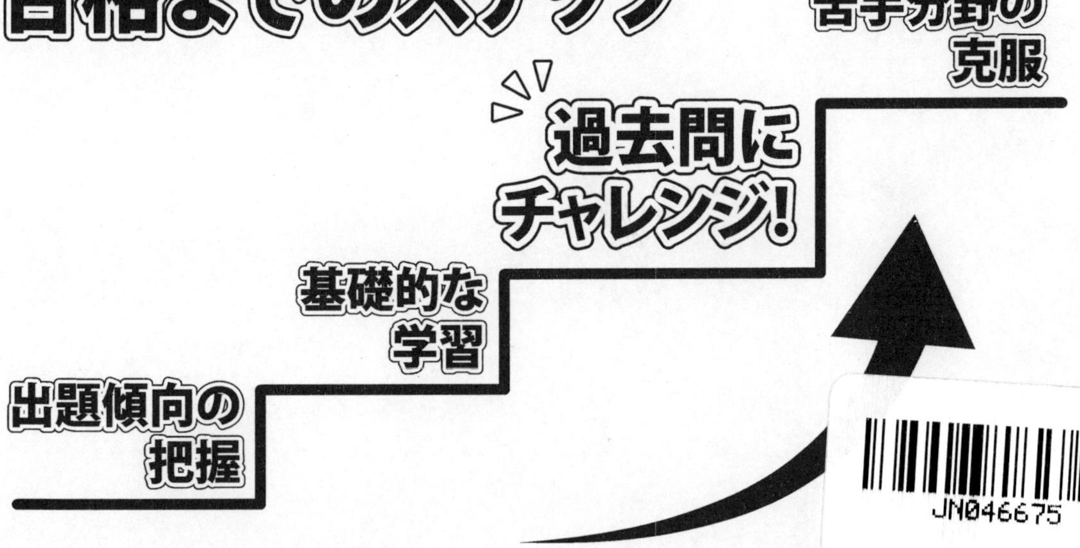

2022～2023年度
過去問題を掲載

日本学習図書（ニチガク）

目指せ！合格！

家庭学習ガイド
国府台女子学院小学部

ペーパー　行動観察　親子面接

入試情報

募集人数：女子 80名
応募者数：女子 134名
出題形態：ペーパー、ノンペーパー
面　　接：保護者・志願者面接
出題領域：ペーパー（記憶、数量、図形、言語、常識など）、行動観察、面接

入試対策

2023年度の入試は、昨年度と内容は変わらず、ペーパーテストのほか、行動観察、親子面接が実施されました。当校のペーパーテストでは、小学校受験としては難易度の高い問題が出題されていたのですが、ここ数年は若干やさしくなっています。お話の記憶の問題も捻った設問があり、解答に迷うお子さまも多かったのですが、最近はスタンダードなものに変わってきました。行動観察では、「気をつけ、礼」の基本的な指示行動から始まり、黙想、お話を聞く、集団行動が実施されました。例年通りの内容ですから、しっかりと対策をして臨みましょう。

●当校のペーパーテストでは、数量と推理の問題が、他の分野の問題に比べて、若干難易度が高いです。数量の問題については、普段から数字に触れる機会を多く設け、短時間で正確に数を数えられるようになりましょう。推理の問題は、例年、「図形の移動」を出題しています。出題傾向が一定しているため、過去の問題をきちんと復習しましょう。

●面接では、保護者の方には、志望動機、教育方針、子育ての悩みなど、志願者には、仲良しのお友だちの名前、好きな遊び、いつもしているお手伝いなどの基本的な質問が中心です。

「国府台女子学院小学部」について

〈合格のためのアドバイス〉

当校は、仏教系の学校であり、千葉県で唯一、女子の小・中・高一貫教育を行っている学園です。仏教行事を通しての教育を実践する中で、感謝と慈悲の心を育成しています。また、茶道教室の体験といった伝統文化との関わり、本格的な施設での芸術鑑賞など、全学年を通して、情操教育にも力を入れています。授業見学の際、その点に魅力を感じて志願を決める保護者も少なくありません。

2023年度入試も、例年通りペーパーテスト、行動観察、面接という形で行われました。

ペーパーテストでは、記憶、数量、図形、言語、常識などが出題されています。難易度は分野によって若干高いものもあります。複合的な問題が多いので、出題パターンを覚えるのではなく、基礎をしっかり学習し、考える力を身に付けることが大切です。

過去に行われた行動観察では、「気をつけ」の姿勢を数分間続けるという忍耐力が必要な課題も出されました。これは、「人の話を聞くときは、静かに耳を傾ける」という、学校生活を円滑に行うことができる素地を観るための出題です。元来、お子さまにはない能力ですから、身に付けるには時間を要しますが、日頃からこのような作法や姿勢を心がけておくとよいでしょう。

面接試験の直前にアンケートの記入がありました。内容はいたって普通ですが、スペースがあまりなく、回答が長いと書ききれないので、簡潔に答えられるように整理しておいてください。質問の中には、学校行事への参加を問うものもあります。公開行事には、積極的に参加しておいた方がよいでしょう。

〈2023年度選考〉

◆ペーパー（記憶、数量、図形、言語、常識など）
◆行動観察（集団行動）
◆保護者・志願者面接

◇過去の応募状況

2023年度	女子 134名
2022年度	女子 127名
2021年度	女子 113名

入試のチェックポイント

◇生まれ月の考慮…「なし」

目指せ！合格！ 家庭学習ガイド 昭和学院小学校

ペーパー　口頭試問　制作　運動　親子面接

入試情報

募集人数：推薦 男女約70名　一般 男女約35名
応募者数：男子98名　女子90名
出題形態：ペーパー、ノンペーパー
面　　接：保護者・志願者面接
出題領域：ペーパー（常識、言語、記憶、図形、推理、数量など）、口頭試問、制作、運動

入試対策

2023年度の入試は感染症対策を施して行われました。当校の入学試験はペーパーテスト（常識、言語、記憶、図形、推理、数量など）、口頭試問、制作、運動、面接が実施されています。ペーパーテストはそれほど難度の高いものは出題されませんが、幅広い分野から出題されていることが特徴です。特定の分野に特化するのではなく、バランスよく基礎を固めることが、当校の対策と言えるでしょう。口頭試問の課題が多いのも当校の特徴です。話をしっかり聞く姿勢や、理解する能力を磨いてください。これは、ペーパーを解答するための能力とはまた別の力です。人と接する機会を増やして、過度な緊張をしないように心がけましょう。また、自分の意思を他人にはっきり伝えることも大切です。それだけではなく思考力を求められる課題も多いので、ペーパー学習の際にも、なぜその答えになったのかといった、答えまでの過程を大事にしてください。

- ペーパーテストに関しては、毎日コツコツと繰り返すことで基礎的な力がついていきます。お子さまと一緒に楽しむ気持ちで、幅広い問題に取り組んでください。

- 考査はペーパーテストのほかに、口頭試問、制作、運動と広範囲に渡って実施されています。不得意分野を克服することも重要ですが、一生懸命に取り組む姿勢、周りの子と協力して作業を行う姿勢、思いやりのある態度などを持っていることも大切です。

「昭和学院小学校」について

〈合格のためのアドバイス〉

当校は知・徳・体の全人教育という建学精神の基、「学力の向上と心の教育」を両輪として、バランスのとれた、21世紀の心豊かな人づくりを目指しています。

2021年度の入学試験では、ペーパーテスト（常識、言語、記憶、図形、推理、数量など）、口頭試問、制作、運動、面接が実施されました。

ペーパーテストの常識分野では、例年、季節の問題が出題されています。常識の範囲はさまざまな分野にわたります。理科、季節以外にも、例えば、道具などの用途によって仲間分けする問題や、さまざまな乗りもの（緊急車両など）に関する知識も常識となります。ぜひ、日常生活の中のさまざまなことに目を向けるようにし、お子さまとの会話の中で知識を身につけさせるようにしてください。１つひとつの経験が、お子さまの視野を広げ、それは考査の際にも大切な要素となります。

保護者・志願者面接では、志願者には、自分の名前、幼稚園（保育園）の名前、仲良しの友だちの名前などが聞かれました。保護者に対しては、志望理由、教育方針、子どもが興味を持っていることなどが質問されています。日頃から、お子さまを交えて、家族で話し合う機会を大切にしてください。

〈2023年度選考〉

- ◆ペーパー（常識、言語、記憶、図形、推理、数量など）
- ◆口頭試問
- ◆制作
- ◆運動
- ◆保護者・志願者面接

◇過去の応募状況

2023年度	男子 98名	女子 90名
2022年度	男子 100名	女子 105名
2021年度	男子 84名	女子 81名

入試のチェックポイント

◇生まれ月の考慮…「あり」

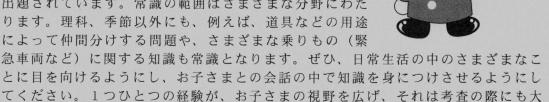

国府台女子学院小学部
昭和学院小学校
過去問題集

〈はじめに〉

現在、少子化が叫ばれているにもかかわらず、私立・国立小学校の入学試験には一定の応募者があります。入試は、ただやみくもに学習するだけでは成果を得ることはできません。志望校の過去における出題傾向を研究・把握した上で、練習を進めていくこと、その上で試験までに志願者の不得意分野を克服していくことが必須条件です。そこで、本問題集は小学校を受験される方々に、志望校の出題傾向をより詳しく知って頂くために、過去に遡り出題頻度の高い問題を結集いたしました。最新のデータを含む精選された過去問題集で実力をお付けください。

また、志望校の選択には弊社発行の「**2024年度版　近畿圏・愛知県　国立・私立小学校　進学のてびき**」をぜひ参考になさってください。

〈本書ご使用方法〉

◆出題者は出題前に一度問題を通読し、出題内容などを把握した上で、〈**準　備**〉の欄に表記してあるものを用意してから始めてください。

◆お子さまに絵の頁を渡し、出題者が問題文を読む形式で出題してください。問題を読んだ後で、絵の頁を渡す問題もありますのでご注意ください。

◆「**分野**」は、問題の分野を表しています。弊社の問題集の分野に対応していますので、復習の際の目安にお役立てください。

◆一部の描画や工作、常識等の問題については、解答が省略されているものがあります。お子さまの答えが成り立つか、出題者が各自でご判断ください。

◆〈**時　間**〉につきましては、目安とお考えください。

◆［**○年度**］は、問題の出題年度です。［**2023年度**］は、「2022年の秋から冬にかけて行われた2023年度入学志望者向けの考査で出題された問題」という意味です。

◆**学習のポイント**は、指導の際にご参考にしてください。

◆**【おすすめ問題集】**は各問題の基礎力養成や実力アップにお役立てください。

〈本書ご使用にあたっての注意点〉

◆文中に**この問題の絵は縦に使用してください。**と記載してある問題の絵は縦にしてお使いください。

◆〈**準　備**〉の欄で、クレヨンと表記してある場合は12色程度のものを、画用紙と表記してある場合は白い画用紙をご用意ください。

◆文中に**この問題の絵はありません。**と記載してある問題には絵の頁がありませんので、ご注意ください。なお、問題の絵の右上にある番号が連番でなくても、中央下の頁番号が連番の場合は落丁ではありません。

下記一覧表の●が付いている問題は絵がありません。

問題1	問題2	問題3	問題4	問題5	問題6	問題7	問題8	問題9	問題10
									●
問題11	問題12	問題13	問題14	問題15	問題16	問題17	問題18	問題19	問題20
●	●	●	●						
問題21	問題22	問題23	問題24	問題25	問題26	問題27	問題28	問題29	問題30
問題31	問題32	問題33	問題34	問題35	問題36	問題37	問題38	問題39	問題40
		●		●				●	●

〈国府台女子学院小学部〉

※問題を始める前に、本書冒頭の「本書ご使用方法」「本書ご使用にあたっての注意点」をご覧ください。
※本校の考査は鉛筆を使用します。間違えた場合は×で訂正し、正しい答えを書くよう指導してください。

保護者の方は、別紙の「家庭学習ガイド」「合格のためのアドバイス」を先にお読みください。
当校の対策および学習を進めていく上で役立つ内容です。ぜひご覧ください。

2023年度の最新問題

問題1　分野：記憶（お話の記憶）

〈準備〉　鉛筆

〈問題〉　かなさんは、お母さんとお姉さんと３人で子ども図書館に行きました。電車に乗り、３つ目の駅で降りると、すぐ目の前が図書館です。入り口には本を持っているクマのぬいぐるみが座っていました。小学生のお姉さんは、魔女が出てくるお話を探しています。かなさんは最初に大好きなお姫様の本を読みました。次に、リスの出てくる本を読みました。その次に、かわいい動物の赤ちゃんの本を読みました。かなさんは、パンダの赤ちゃんがかわいいなと思いました。それから、お母さんとお菓子の作り方の書いてある本を読みました。お話会の始まる時間になったので、お姉さんとお話を聞きました。お話は桃太郎でした。かなさんは、「どうなるのかな」とドキドキしながらお話を聞きました。最後にかなさんは、お姫様の本と動物の赤ちゃんの本を借りました。かなさんは、借りた本を大事に抱えて図書館を出ました。ちょうどおやつの時間だったので、近くのケーキ屋さんでケーキを食べて帰りました。

①図書館には何に乗って行きましたか。その絵に○をつけましょう。
②かなさんが２番目に読んだのは何が出てくる本でしたか。その絵に○をつけましょう。
③図書館のお姉さんがしてくれたのは何のお話でしたか。その絵に○をつけましょう。
④かなさんは何冊の本を読みましたか。その数だけ○を書きましょう。

〈時間〉　各10秒

〈解答〉　①右端　②左から２番目　③右から２番目　④○：４

学習のポイント

お話の記憶を解く力は、普段からの読み聞かせの量が比例します。お子さまはしっかりと記憶できていたでしょうか。お話自体は、それほど長いものではありませんが、記憶すべきポイントが多いため、最後まで集中して聞く必要があります。お話の記憶の問題では、１つひとつの場面をイメージしながら聞くと、登場人物の特徴や、それぞれがとった行動などが記憶しやすくなります。保護者の方は、お子さまが解答しているときの様子を観察し、しっかりと記憶できていたかをチェックしてください。もし、お子さまが当てずっぽうで解答していると感じたときは、追加で質問をすることでわかります。「かなさんは電車に乗って、何番目の駅で降りたかな」「かなさんが借りて帰った本は何かな」という具合に、質問を増やし、お子さまがどこまで記憶できていたかを確かめましょう。お話の記憶は自分が体験したことや、知っている内容などの場合、記憶しやすいと言われてますが、コロナ禍の生活を強いられ、生活体験量も多くなかったと思われます。普段の生活でコミュニケーションをとり、読み聞かせや、図鑑などを読むことで、記憶力と知識をしっかりと身につけるようにしましょう。

【おすすめ問題集】
1話5分の読み聞かせお話集①・②、お話の記憶問題集 初級編・中級編、
Ｊｒ・ウォッチャー19「お話の記憶」、20「見る記憶・聴く記憶」

問題２　分野：記憶（見る記憶）

〈準 備〉　鉛筆

〈問 題〉　（問題２－１の絵を見せる）
この絵をよく見て覚えてください。
（20秒後、問題２－１の絵を伏せ、問題２－２の絵を渡す）
①四角があったところはどこですか。同じ場所に○を書きましょう。
②星があったところはどこですか。同じ場所に×を書きましょう。

〈時 間〉　各10秒

〈解 答〉　下図参照

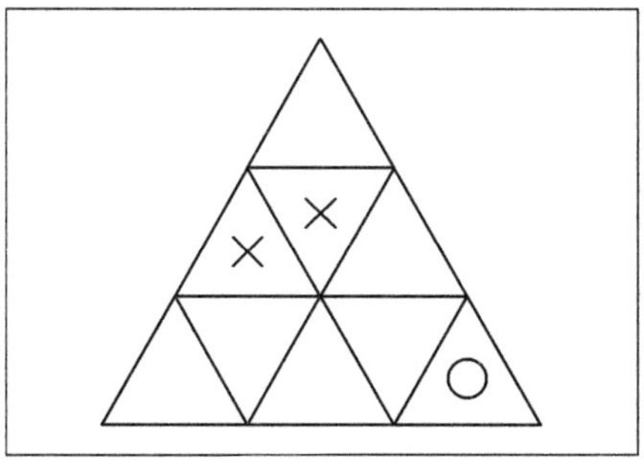

学習のポイント

記憶する時間は10秒と短いですが、細かい部分までしっかりと記憶できるようにしましょう。この問題では、「何があるか」と「どこにあるか」の２点の記憶が必要です。お子さまが苦手に感じているようであれば、全体を見たり、細かく見たりといった形でお子さまの覚えやすい方法を一緒に探してください。その中でも形を覚えるのが苦手なのか、数を覚えるのが苦手なのか、お子さまは何ができて何ができないのかを保護者の方がしっかりと掴んでおきましょう。また、学習をしているとき、お子さまがヤマを張って記憶していると感じたときなどは「×はどこにあった？」「○はどこにあった？」と問題をアレンジしてみるのもおすすめです。記憶力を身につけるための近道はありません。問題に慣れるためには、少しずつ練習を重ねることが大切です。

【おすすめ問題集】
Ｊｒ・ウォッチャー20「見る記憶・聴く記憶」、苦手克服問題集 記憶

問題3　分野：記憶（見る記憶）

〈準 備〉　鉛筆

〈問 題〉　（問題３－１の絵を見せる）
この絵をよく見て覚えてください。
（20秒後、問題３－１の絵を伏せ、問題３－２の絵を渡す）
今見た絵と違うところが３つあります。違うところに○をつけましょう。

〈時 間〉　20秒

〈解 答〉　下図参照

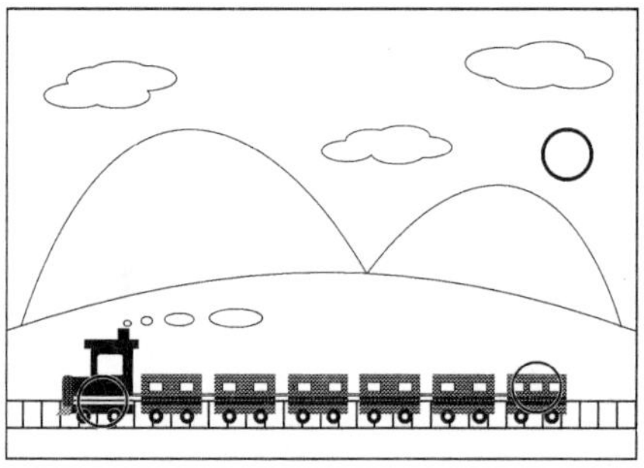

学習のポイント

「見る記憶」の問題を解くには、短時間で絵の内容を把握する観察力と集中力が必要になります。記憶の分野の力を伸ばすには、コツコツと学習量を積み上げていくしか方法はありません。通常、「見る記憶」の問題では、１枚の絵の中にある複数の要素を記憶していきます。そのため、初めに絵の「どこに」「どんなイラストがあるか」という全体を把握して、その後イラストの細部を覚えるようにするとよいでしょう。細部には、形、数、向き、色などが挙げられます。全体から細部へと段階的に見ていく方法なら、落ち着いて細部を覚えることができます。この問題ができなかったお子さまの場合、難易度を下げて取り組むとよいでしょう。その際、記憶する絵を減らす、記憶時間を延ばす、選択肢を減らす、この３つの方法がありますので、いろいろと織り交ぜて取り組んでみましょう。

【おすすめ問題集】
Ｊｒ・ウォッチャー20「見る記憶・聴く記憶」

問題4　分野：数量（数える）

〈準 備〉　鉛筆

〈問 題〉　左の四角の中に、カエル、ザリガニ、金魚がいます。右の四角には水槽があります。
①カエルと同じ数の水槽の絵はどれですか。その絵の右上の四角に○を書きましょう。
②金魚と同じ数の水槽の絵はどれですか。その絵の右上の四角に×を書きましょう。

〈時 間〉　各１分

〈解 答〉　下図参照

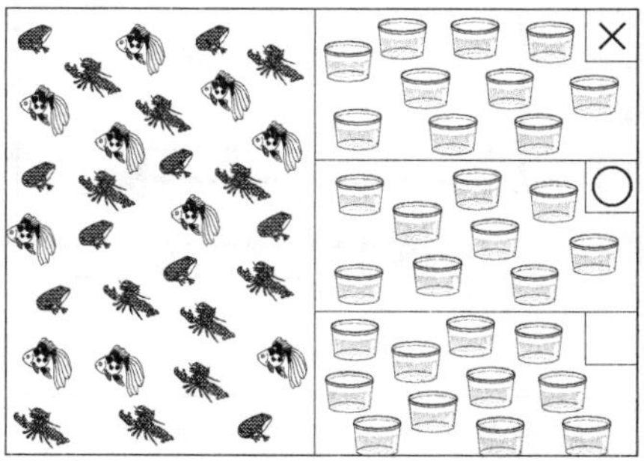

学習のポイント

解き方を細かく分けると「それぞれの数を数える」「生き物と水槽の数を比較し、正解を見つける」という作業に分けることができます。この２つの作業で、「数を数える」の作業で最もミスが発生しやすくなります。原因としては、「重複して数える」「数え忘れ」が挙げられます。これらのミスを防ぐためには、数える順番（方向）を一定にすることと、数えたものに小さなチェックを入れる方法があります。ただし、後者の方法には注意点があり、チェックした印を大きくつけてしまうと、解答記号を間違えたと判断される可能性があります。チェックは小さく端につけるようにしましょう。

【おすすめ問題集】
Ｊｒ・ウォッチャー4「数える」、15「比較」、37「選んで数える」

問題5　分野：図形（比較）

〈準備〉　鉛筆

〈問題〉　(問題５－１の絵を渡す)
１番長い鉛筆に○、１番短い鉛筆に×をつけましょう。
(問題５－２の絵を渡す)
２番目に長い矢印に○、１番短い矢印に×をつけましょう。

〈時間〉　各45秒

〈解答〉　下図参照

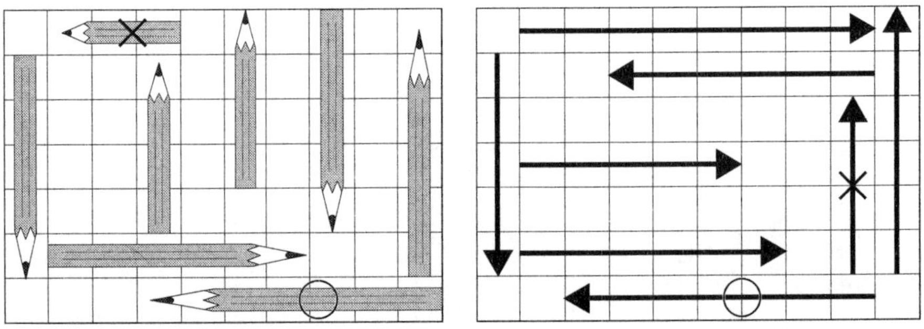

学習のポイント

パッと見た感覚で判断するのではなく、マス目を数えて、正確に長さを測ってから回答するようにしましょう。回答時間は十分に用意されていますから、誤答を防ぐためにも、描かれているすべての絵の長さを確認してから回答してください。本問を解く際に注意すべき点は、②の「２番目に長い矢印に○をつける」という問題です。①では「１番長い鉛筆に○をつける」とあるため、注意して問題を聞いていなければ、流れで１番長い矢印に○をつけてしまう可能性があります。また、回答の○や×は、他の鉛筆や矢印の絵と重ならないように書きましょう。○や×がいくつかの絵に重なっていると、どれが回答なのか採点者が判断に困ります。保護者の方は回答の正誤だけでなく、お子さまが、このような細かい部分まで丁寧に取り組めているかもチェックするようにしてください。

【おすすめ問題集】
Ｊｒ・ウォッチャー15「比較」

問題6　分野：数量（数を分ける）

〈準備〉　鉛筆

〈問題〉　（問題6－1の絵を渡す）
まず、問題の解き方のお手本を見せます。
【お手本】
左の四角にデザートがあります。真ん中の四角にはお皿と箱があります。お皿にはデザートを1つ乗せ、箱には2つ入れます。残ったデザートの数だけ右の四角に○を書きます。
（問題6－2の絵を渡す）
同じように解いてください。

〈時間〉　1分30秒

〈解答〉　①○：1　②○：3　③○：3

学習のポイント

最初に、電子黒板にお手本の問題が表示され、回答の仕方が1回だけ説明されます。説明を1回聞いただけで理解するには、集中力やイメージ力が必要です。お話を聞く力が不足していると、お皿と箱に配る数を反対で覚えていたり、何の数だけ○を書くのかがわからなかったりします。これらの力は、普段の読み聞かせで鍛えることができます。ただ読み聞かせをするのではなく、始める前に「お話の内容を頭に思い描きながら聞いてみて」と声かけをしたり、終わった後に、お話の内容について質問をするなどの習慣を設けると、より効果的ですからお試しください。数を分ける作業については、デザートがいくつ残ったかが正確にわかるよう、配ったデザートには小さくチェックをつけるようにしましょう。チェックがついていないデザートの数が、解答で○の数ですから、絵と照らし合わせながら解答ができます。

【おすすめ問題集】
Ｊｒ・ウォッチャー37「たし算・ひき算①」、38「たし算・ひき算②」、40「数を分ける」

問題7　分野：言語（言葉の音）

〈準備〉　鉛筆

〈問題〉　右の四角の絵の最後の音を使って、左の四角の絵の言葉を作ります。どの絵を使えばよいか考えて○をつけましょう。

〈時間〉　2分30秒

〈解答〉　下図参照

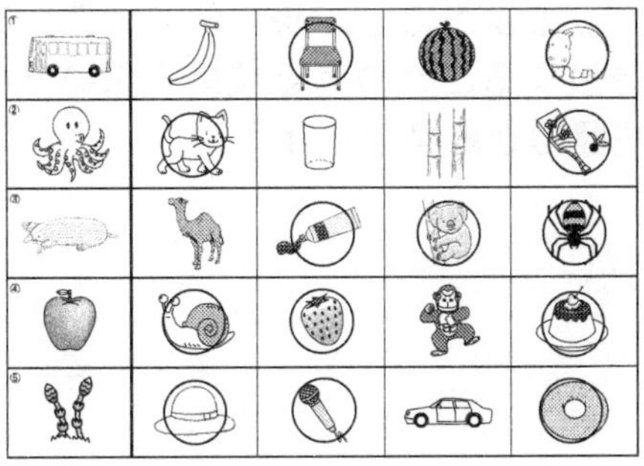

学習のポイント

描かれてある絵の名前は、すべて知っているものでしたか。もし、本問に出てくるものの名前がわからないようであれば、語彙が不足していると言わざるを得ません。言語分野の学習は、机の上でなくても、問題集がなくてもできるものです。語彙数は、日頃の生活体験が大きく関わってきます。日常のコミュニケーションを持ち、しりとりをしたり、図鑑を読んだり、絵本の読み聞かせをすることなどが、語彙を増やし、名前と物が一致する有効な方法です。語彙は、馴染みのない難しいものを教える場合もありますが、あくまでも日常生活で自然と習得できるものを学習していきましょう。日常生活の中にたくさんある学びの機会を逃さないようにしてください。

【おすすめ問題集】
Ｊｒ・ウォッチャー17「言葉の音遊び」、18「いろいろな言葉」、
49「しりとり」、60「言葉の音(おん)」、苦手克服問題集 言語

問題8　分野：言語(知識)

〈準　備〉　鉛筆

〈問　題〉　①絵の中で「たたむ」もの３つに○をつけましょう。
②絵の中で「つむ」もの２つに×をつけましょう。

〈時　間〉　各30秒

〈解　答〉　下図参照

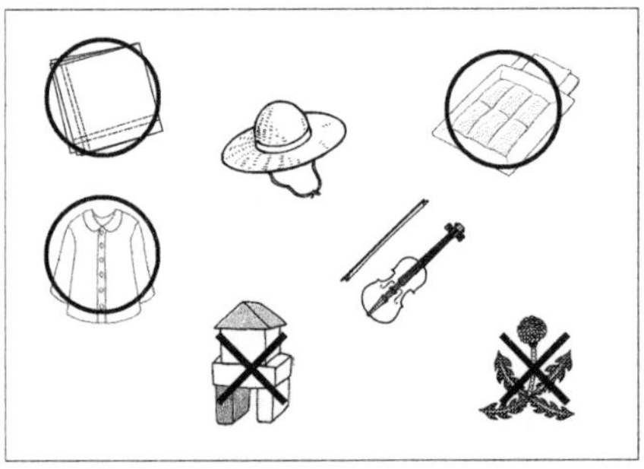

学習のポイント

②では、同じ「つむ」でも、「積み木を積む」「お花を摘む」と、違う動作を示していることを、きちんと理解しておきましょう。このような動詞は、他に「かける」「あげる」などがあります。これらの動詞はどのような場面で使うことができるか、お子さまに考えさせてみましょう。また、同音異義語は、実際に聞くほど、使うほどに覚えます。ですから、お子さまに話しかける際は、「ハンガーに服をかけて」「イスに腰かけて」というふうに、同音異義語を積極的に使いましょう。このように小学校受験で出題される言葉は、いずれも生活の中で実際に聞いたり、話したりすることのある馴染み深いものです。日常生活で使う言葉の量を増やし、お子さまの語彙力を鍛えましょう。

【おすすめ問題集】
Ｊｒ.ウォッチャー18「いろいろな言葉」

問題9　分野：推理

〈準備〉　鉛筆

〈問題〉　左側の絵の○や△や□がまっすぐ下に落ちると、右側の絵のどれになるでしょう。１つ見つけて○をつけましょう。

〈時間〉　１分30秒

〈解答〉　下図参照

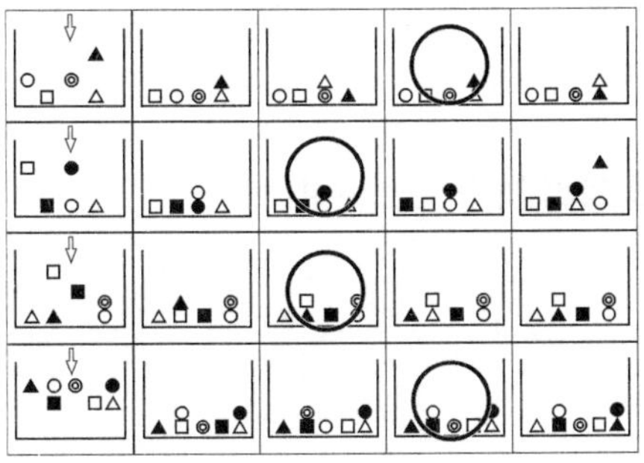

学習のポイント

このような問題では、選択肢を１つひとつ細かく観察していると時間がかかってしまいます。ですから、まずは、選択肢を除外することから始めます。１番上の問題では、左側のお手本の絵は□と△はすでに底にある状態のため、位置が変わることはありません。次に、浮いている○、◎、▲を見ましょう。○と◎の下には何もありませんから、□と△と同じ位置にきます。▲は下に△があるため、△の上にくることになります。このように、縦の重なる位置は変わってきますが、横に並んだ位置は変わりません。このように、絵の一部を見て選択肢を絞ってから回答する方法だと、時間をかけ過ぎず、少ない選択肢を丁寧に観察することができるため、お子さまも落ち着いて問題に取り組むことができます。

【おすすめ問題集】
Ｊｒ．ウォッチャー31「推理思考」

問題10　分野：行動観察（挨拶）

〈準備〉　なし

〈問題〉　この問題の絵はありません。
グループごとに名前をつけるので、覚えてください。
（キリングループ、パンダグループ、ウサギグループ、ゾウグループに分けられる）
それでは、立って、体をこちら側（校舎側）に向けてください。これからご挨拶をします。気をつけをしている間は動かずに、きちんとした姿勢で立ちましょう。気をつけ、礼。座ってください。

〈時間〉　２分

〈解答〉　省略

学習のポイント

例年、本校の行動観察の試験では、動物の名前の４つのグループに分かれて、指示行動や簡単なゲームを行います。本問は、それらの課題に入る前のウォーミングアップのような課題です。難易度はそれほど高くありませんから、１つひとつの動作が雑にならないよう注意し、落ち着いて取り組みましょう。子どもたちが列に並んで、同じ動作をするとき、１人だけ違う動きをしていると、とても目立ってしまいます。大切なことは、指示されたことに、的確に、かつ意欲的に取り組むことです。１つの動作が失敗したからと言って不合格になることはないでしょう。失敗しても気分を落とさず、集中して次の課題に臨んでください。

【おすすめ問題集】

新 口頭試問・個別テスト問題集、口頭試問最強マニュアル ペーパーレス編、
Ｊｒ・ウォッチャー29「行動観察」

家庭学習のコツ① **「先輩ママのアドバイス」を読みましょう！**

本書冒頭の「先輩ママのアドバイス」には、実際に試験を経験された方の貴重なお話が掲載されています。対策学習への取り組み方だけでなく、試験場の雰囲気や会場での過ごし方、お子さまの健康管理、家庭学習の方法など、さまざまなことがらについてのアドバイスもあります。先輩ママの体験談、アドバイスに学び、ステップアップを図りましょう！

問題11　分野：行動観察（指示行動）

〈準 備〉　フープ、旗

〈問 題〉　この問題の絵はありません。

(事前に、キリングループ、パンダグループ、ゾウグループ、ウサギグループに分けられる)
(１人１つフープが与えられ、その中に立った姿勢で行われる)

これからみなさんには飛行機になってもらいます。両腕を斜め下で開いて、飛行機の羽を作ってください。先生は飛行機になったみなさんに旗で合図を出します。旗の合図は３つあります。

①旗を２つとも上げたときは、フープの中でしゃがみます。
②旗を１つだけ横に上げたときは、旗の方向にジャンプしてフープから出ます。そして、またジャンプしてフープの中に戻ります。
③旗を頭の上で回したときは、飛行機が飛び立つ合図です。自分のグループの先生がいる飛行場に飛んで行ってください。

(最初に①～③の動きを先生がお手本として示す)

お友だちと手が当たらないように、安全運転で飛んでください。では、１度練習をします。
(①～③の動きを練習する)

飛行機で初めにいたフープの中に戻ってください。では、やってみましょう。
(①～③をランダムに何回か繰り返す)

では、次からは飛んで行く飛行場が変わります。自分のグループの先生がいる場所を探して行きましょう。
(①～③をランダムに何回か繰り返す)

これで終わります。気をつけ、礼。座ってください。

〈時 間〉　６分

〈解 答〉　省略

学習のポイント

年相応の体力の有無や、集中力、記憶力、課題に対する意欲的な姿勢などが観られています。まず、しっかりと説明を聞き、自信を持って指示通りの行動ができるように準備をしましょう。もし、旗の合図と違った動きをしてしまっても、それだけで不合格になるわけではありません。失敗した部分があったとしても落ち込まず、気持ちを切り替えて最後まで臨むことがポイントになります。試験は総合的に評価されるものですから、１つの失敗に気を取られて、他の課題にも影響が出てしまうとよくないです。常にポジティブな気持ちで取り組むことを意識しましょう。

【おすすめ問題集】
新 口頭試問・個別テスト問題集、口頭試問最強マニュアル ペーパーレス編、
Ｊｒ・ウォッチャー29「行動観察」

問題12　分野：行動観察（黙想・お話を聞く）

〈準備〉　なし

〈問題〉　この問題の絵はありません。

（１人１つフープが与えられ、その中に体育座りをした姿勢で行われる）
これから座ったままの姿勢で気持ちを静かにしていきます。目を閉じて、息をゆっくり、すったり、はいたりして気持ちを落ち着かせます。それでは始め。
（１分間黙想をする）
目を開けてください。次に、仏教のお話をします。お話を聞くときはお約束が４つあります。
①お喋りはしません。
②先生の顔を見て聞きます。
③フープから出たり、フープを触ってはいけません。
④正しい姿勢で聞きます。（教員が正しい姿勢の見本を見せる）
わかりましたか。それではお約束を守ってお話を聞きましょう。
（２分間の法話を聞く）
これでお話を終わります。立ってください。気をつけ、礼。それでは座ってください。

〈時間〉　適宜

〈解答〉　省略

学習のポイント

黙想とお話を聞く課題は毎年出題されています。お子さまがしっかりと指示を聞き、落ち着いた態度をとれているかが、評価に繋がります。黙想は、背筋を伸ばして、手を膝の上に置き、脚を揃えたよい姿勢で行いましょう。試験のために練習するのではなく、黙想の本来の目的である「気持ちを落ち着け、気分を切り替える」ことを意識して取り組むようにしましょう。もし、お子さまが集中して取り組めていない場合は、保護者の方も一緒に黙想をしてみてください。周囲の様子は気にせず、自分自身に集中している姿をお手本として見せることが大切です。また、黙想を家庭学習前のルーティンにすることもおすすめです。黙想の試験対策にもなり、これから始まる学習に気持ちを向けることができます。習慣にすることで、お子さまも徐々に抵抗がなくなり、自然と取り組めるようになります。

【おすすめ問題集】
新 口頭試問・個別テスト問題集、口頭試問最強マニュアル ペーパーレス編、
Ｊｒ・ウォッチャー29「行動観察」

問題13　分野：行動観察（指示行動）

〈準備〉　フープ、ビニールテープ、笛

〈問題〉　**この問題の絵はありません。**

（事前に、キリングループ、パンダグループ、ゾウグループ、ウサギグループに分けられる）

これから、じゃんけん合戦をします。1人1つフープを手で持ち、足でじゃんけんをします。まず、先生が足じゃんけんのグー・チョキ・パーのお手本を見せます。

（お手本を見せる）

足じゃんけんがわかった人は座ってください。これから、2つのチームに分かれます。キリングループとパンダグループはフープを持って立ってください。この2つのグループが同じチームです。次に、ゾウグループとウサギグループはフープを持って立ってください。この2つのグループが同じチームです。

（チームごとに先生がビニールテープの線まで誘導する。2チームは1列に並び、向かい合うような形になる）

では、この2つのチームで対決をします。自分の目の前にいるお友だちとじゃんけんをします。笛の合図が鳴ったら、真っ直ぐ前に歩きます。そのときのお約束が3つあります。
①走らない
②真ん中の線を超えない
③横のお友だちとフープが重ならないようにする
わかりましたか。じゃんけんのかけ声は先生がします。みなさんは声を出しません。負けた人とあいこの人はその場に座ります。勝った人はそのまま立っていてください。それでは、1度練習をしましょう。フープを持って立ってください。

★（笛の合図）真ん中の線まで真っ直ぐ歩きます。最初はグー、じゃんけんポン！負け、あいこの人は座ります。勝った人の人数を数えます。〇〇チームの勝ちです。負けてしまったチームは拍手をしましょう。2チームとも初めに立ったスタートの線に戻ってください。

やり方はわかりましたか。では、1回戦を始めます。（★を繰り返す）

2回戦は場所を移動し、対戦するお友だちをチェンジして行います。大きい三角コーンが置いてある方に2歩移動します。
（先生の「1、2」の声かけで移動する）
移動したら、目の前のじゃんけんするお友だちを確認しましょう。それでは2回戦を始めます。（★を繰り返す）

3回戦も場所を変えて行います。今まで立ったことがない場所に移動してください。お友だちと同じ場所になってしまったら譲り合ってみんながきちんと立てるようにしてください。
（先生の笛の合図で移動する）
移動したら、目の前のじゃんけんするお友だちを確認しましょう。それでは3回戦を始めます。（★を繰り返す）

これで終わります。フープを持たずに立ってください。気をつけ、礼。座ってください。グループごとに順番に移動します。移動したら、先生の指示に従って、壁側に1列になって並びましょう。それでは、キリングループの人は立ってください。

〈時間〉　12分

〈解答〉　省略

学習のポイント

お子さまのお友だちとの接し方を観ることで、入学後の集団生活への適性を見極める課題です。ルールを理解した上でそれを守れているか、お友だちと楽しく遊べているか、課題に意欲的に取り組んでいるか、などが重要になってきます。保護者の方は、お子さまの普段のお友だちとの接し方をチェックしてみてください。気になることがあった際には、頭ごなしに「ああしなさい、こうしなさい」と言うのではなく、お子さまの考えに耳を傾けた上で「こうしたらどうかな」「○○さん（お友だちの名前）は、こう思うんじゃないかな」など、他者への想像力を育むようなアドバイスを心がけてください。また、楽しく遊ぶことの他に、道具を丁寧に扱うことや、危険な振る舞いをしないこと、１～３回戦で数回に分けて出される指示を、その都度集中して聞き、適切な行動を取ることも意識して試験に臨みましょう。

【おすすめ問題集】
新 口頭試問・個別テスト問題集、口頭試問最強マニュアル ペーパーレス編、
Ｊｒ・ウォッチャー29「行動観察」

問題14　分野：親子面接

〈準備〉　なし

〈問題〉　この問題の絵はありません。

【受験者】
・お名前、年齢、幼稚園(保育園)の名前、お友だちの名前を教えてください。
・いつも何をして遊びますか。
・いつもお家ではどんなお手伝いをしていますか。

【保護者】
・志望動機を教えてください。
・ＰＴＡや行事に参加する機会が多いことについてどのようにお考えですか。
・緊急時のお迎えは可能ですか。
・本校の仏教に基づいた教育についてどのようにお考えですか。
・女子校であることについてどのようにお考えですか。
・お子さまとの関わり方で意識していることを教えてください。
・お子さまには将来どのような大人になって欲しいとお考えですか。
・お子さまは普段どのようなお手伝いをされていますか。
・子育てで困ったことはありますか。
・ご主人(奥様)の子育てでよいと思うことを教えてください。
・どのような父親(母親)になりたいですか。

〈時間〉　適宜

〈解答〉　省略

学習のポイント

受験者の質問では、自分の判断で答えられるか、が観られています。質問内容に例年大きな変化はみられませんから、いつもしている遊びやお手伝いなどは、何を答えるか、ある程度考えておくとよいでしょう。保護者の方への質問では、学校の教育方針、ご家庭やお子さまに関する内容が中心になっています。対策としては、事前に学校の情報は入念に収集を行っておきましょう。特に、本校は仏教精神に基づいた教育を実施しています。見学会や説明会などに積極的に参加して、学校の雰囲気を掴み、仏教教育の良い点をご家庭の教育方針と絡めて話せることが望ましいでしょう。また、普段からお子さまとのコミュニケーション、保護者間のコミュニケーションをしっかりとっておくことも対策になります。お子さまに関する質問が多いからといって、マニュアル的な答えを覚えさせても意味はありません。質問は何を答えるのかではなく、答えているときの様子の方が重要です。どんな対応するかが観られていると言ってもよいでしょう。付け焼き刃で対応できるものではないので、しっかりとした準備が大切です。

【おすすめ問題集】

新小学校受験の入試面接Q＆A、家庭で行う面接テスト問題集、
保護者のための面接最強マニュアル

家庭学習のコツ② **「家庭学習ガイド」はママの味方！**

問題演習を始める前に、試験の概要をまとめた「家庭学習ガイド（本書カラーページに掲載）」を読みましょう。「家庭学習ガイド」には、応募者数や試験課目の詳細のほか、学習を進める上で重要な情報が掲載されています。それらの情報で入試の傾向をつかみ、学習の方針を立ててから、対策学習を始めてください。

2022年度以前の入試問題

問題15　分野：記憶（お話の記憶）

〈準 備〉　鉛筆

〈問 題〉　ウサギのウサコさんはお父さん、お母さん、お姉さんの４人家族です。今日は家族でどんぐり山に遊びに行きます。お父さんが運転する車に乗って出発しました。イチョウの葉が黄色くなり、秋のどんぐり山はとてもきれいです。どんぐり山に着いて歩き始めると、初めにクマのお母さんに会いました。クマのお母さんはクッキーを焼くために木の実をたくさん拾っていました。それからじばらく歩いていると、キツネのお父さんに会いました。キツネのお父さんは机を作るために木を集めていました。また、しばらく歩くとリスのお姉さんに会いました。リスのお姉さんは花束を作ろうと、お花をたくさん摘んでいました。ウサコさんの家族は、お昼ご飯にお母さんが作ってくれたおにぎりを食べました。食べ終わると、みんなでボール投げやかくれんぼをして楽しく遊びました。そして、どんぐり山からの帰り道、大きなクリの木を見つけたので、みんなでたくさんクリ拾いをしました。ウサコさんは５個、お姉さんは７個拾いました。お家に帰り、家族みんなで拾ったクリでごちそうを作り、美味しくいただきました。

①ウサコさんがどんぐり山で２番目に会った動物に○をつけましょう。
②リスのお姉さんは何を作ろうとしていましたか。当てはまる絵に○をつけましょう。
③ウサコさんの家族がお昼ご飯に食べたものに○をつけましょう。
④ウサコさんが拾ったクリの数だけ○を書きましょう。

〈時 間〉　各10秒

〈解 答〉　①左から２番目　②右側　③真ん中　④○：５

［2022年度出題］

学習のポイント

設問で問われていること以外にも、ウサコさんの家族がどんぐり山で会った動物たちとその順番と様子や、どんぐり山でした遊びなど、お話を聞きながら、このような場面を意識して頭の中でイメージできるようにしましょう。本問は決して長い物語ではありませんが、登場人物や時間の流れの中での出来事など記憶しないといけない場面が多くあります。ただ問題を解くだけではなく、どのような内容か、全体の流れ、登場人物など、設問以外の項目についてお子さまに尋ね、口頭で話してもらうことも練習として取り入れてみてはいかがでしょうか。お話の理解が深まるだけではなく、相手に伝わるように話すことの練習になります。また、お子さまなりの解釈の仕方や、どのようなことに注目して聞いているのかなどの分析にもなります。保護者の方が一方的にお話をするだけではなく、お子さまとの会話を楽しんでいくことで、お話の聞き取りの力はついてきます。

【おすすめ問題集】
１話５分の読み聞かせお話集①②、お話の記憶 初級編・中級編・上級編、
Ｊｒ・ウォッチャー19「お話の記憶」、20「見る記憶・聴く記憶」

問題16　分野：記憶（見る記憶）

〈準 備〉　鉛筆

〈問 題〉　（問題16－１を渡す）
この絵をよく見て覚えてください。
（20秒後、問題16－１の絵を伏せ、問題16－２の絵を渡す）
①リンゴがあったマスに○を書きましょう。
②サクランボがあったますに×を書きましょう。

〈時 間〉　各10秒

〈解 答〉　下図参照

	×	
○		×

［2022年度出題］

学習のポイント

見る記憶の問題を解く力を付けるのに、近道はありません。少しずつ練習を重ね、力をつけていく分野の一つとなります。よくトランプを使って神経衰弱を取り入れる話がありますが、記憶力を付けるのに、いきなり52枚のカードを使ったのでは力を付ける練習とは言えません。おすすめは、トランプの枚数を４枚から始め、少しずつカードを増やしていく方法です。何枚まで全問正解を続けることができるかというゲームに変えて行います。カードが増えるにつれ、集中力も必要になってくるため、集中力を伸ばす対策としても有効です。この２問は記憶による位置の把握と、絵の記憶に別れています。見る記憶の問題としてはどちらも難易度の低い問題となりますので、しっかりと練習をして、全問正解を目指しましょう。学習をしているとき、お子さまがヤマを張って記憶していると感じた時などは「メロンはどこにあったかな？」「他にどんな果物が描かれていた？」と問題をアレンジしてみるのもおすすめです。問題を解くにあたり、ヤマを張って問題に対峙することほど危ういことはありません。出題者の話を最後までしっかりと聞き、言われたことに正しい対応ができるようにしてください。

【おすすめ問題集】
Ｊｒ・ウォッチャー20「見る記憶・聴く記憶」

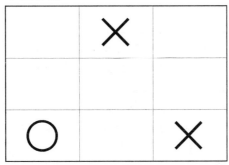

問題17　分野：数量（数える）

〈準　備〉　鉛筆

〈問　題〉　動物たちが灰色の四角でできた道を通って、ゴールの旗のところまで行きます。通る四角の数はどちらが多いですか。多い方の動物に○をつけましょう。下の問題も同じようにやってください。

〈時　間〉　各20秒

〈解　答〉　①クマ　②ウマ

［2022年度出題］

学習のポイント

数える時間が短いことから、お子さまが普段から数を数えることに慣れているかを観ようとしていると推測できます。数えるスピードを上げるためには、普段から数える練習を積み重ねるしかありません。また、正確に数えることも重要です。重複して数えることや、数え忘れをしないよう、数えたマスには小さくチェックを入れるとよいでしょう。保護者の方は、お子さまが問題を解いているときの様子もしっかりと観るようにしましょう。お子さまが解答できなかった場合は、慎重に数えていて時間切れになってしまったのか、慌てて数えて数え間違いをしてしまったのかを見極めてください。その上で、適切なアドバイスをしてあげるとよいでしょう。

【おすすめ問題集】

Ｊｒ・ウォッチャー14「数える」、15「比較」、37「選んで数える」

問題18　分野：図形（パズル）

〈準　備〉　鉛筆

〈問　題〉　左の四角を見てください。描かれてある形を矢印の方向に動かすとどのようになりますか。正しいものを右の四角から選んで○をつけましょう。

〈時　間〉　１分30秒

〈解　答〉　下図参照

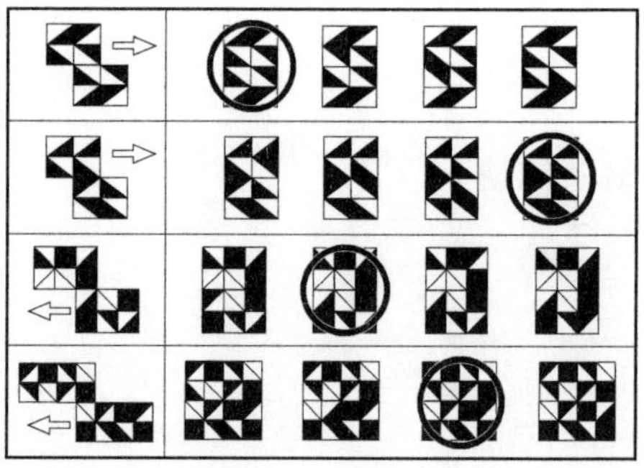

［2022年度出題］

学習のポイント

パズルの問題では、選択肢を減らすことから始めます。まず、スライドしない部分に注目します。１番上の問題では、スライドしない部分は、下半分の白地に黒の平行四辺形と、黒地に白の平行四辺形のピースです。次に、右側の４つの選択肢のスライドしない部分を見ます。右端と右から２つ目の選択肢は、スライドしない部分がお手本のパズルと異なるため、選択肢から外れます。選択肢が２つに絞れたところで、パズルの模様をじっくりと観察し、正解を見つけます。４つの選択肢すべてを細かく観察するより、効率的で正答率が上がる解き方ですから、お子さまが苦戦しているようでしたら、アドバイスとして伝えてあげてください。

【おすすめ問題集】
Ｊｒ・ウォッチャー３「パズル」

問題19　分野：言語

〈準備〉　鉛筆

〈問題〉　四角の中に描かれているものの名前の２番目の音を使って「サクランボ」という言葉を作ります。使うものすべてに○をつけましょう。

〈時間〉　１分

〈解答〉　ハサミ、ツクシ、トライアングル、エンピツ、ロボット

[2022年度出題]

学習のポイント

すべての物の名前の２番目にくる音を考える難問です。言語の課題は、語彙数の多少によって解答時間や正答率に差が出てきます。日頃の会話、読み聞かせ、言葉遊びなどを通して、言葉の音やリズムに親しんでおくことが有効です。言語感覚は、発音して耳と口を使うことで養われます。言葉遊びには、はじまりの音（頭音）が同じ言葉を探す「頭音集め」や終わりの音（尾音）が同じ言葉を探す「尾音集め」、「しりとり」などがあり、また、撥音、濁音、半濁音、拗音、促音、長音などの言葉を意識して探すのも有効です。工夫次第でいろいろな遊びに発展させることもできますので、お散歩をしながら、おやつを食べながらなど、机の上の学習以外の時間を積極的に活用して、楽しみながら取り組んでください。

【おすすめ問題集】
Ｊｒ・ウォッチャー17「言葉の音遊び」、18「いろいろな言葉」、
60「言葉の音（おん）」

問題20　分野：言語（数え方）

〈準 備〉　鉛筆

〈問 題〉　上と下で同じ数え方をするものを選んで、点と点を線で結びましょう。

〈時 間〉　１分

〈解 答〉　下図参照

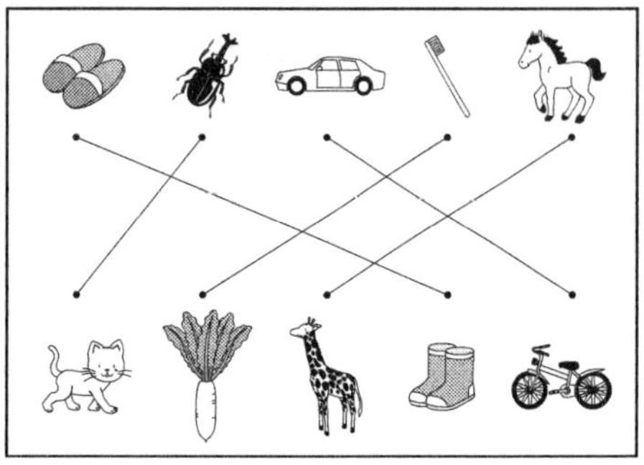

［2022年度出題］

学習のポイント

お子さまは、本問に出てくるものすべてを正しい数え方で言えますか。すべて正しく線で結べていたとしても、確認のため、数え方を言ってもらうことをおすすめいたします。例えば、お子さまは「１頭」と「１匹」の違いを理解できていますか。区別が曖昧なようでしたら、図鑑を観ながら説明してあげるとよいでしょう。数え方は、他にも「１輪」「１枚」「１粒」などたくさんあります。また、花をいくつかまとめると「１束」と変わるものもあります。これらは日頃の生活体験を通して、少しずつ習得しましょう。また、お子さまは点と点をしっかりとした真っ直ぐな線で結べていますか。解答に自信が無いと、書く線が薄かったり、曲がったりしますから、保護者の方はお子さまの書く線までチェックするようにしてください。

【おすすめ問題集】
Ｊｒ・ウォッチャー18「いろいろな言葉」

〈昭和学院小学校〉

※問題を始める前に、本書冒頭の「本書ご使用方法」「本書ご使用にあたっての注意点」をご覧ください。
※本校の考査はクーピーペンを使用します。間違えた場合は×で訂正し、正しい答えを書くよう指導してください。

**保護者の方は、別紙の「家庭学習ガイド」「合格のためのアドバイス」を先にお読みください。
当校の対策および学習を進めていく上で役立つ内容です。ぜひご覧ください。**

2023年度の最新問題

問題21　分野：常識（季節）

〈準　備〉　クーピーペン（赤・青）

〈問　題〉　今の季節は秋です。これから行うことの絵を順番に並べます。次に行う季節のものの絵に赤色のクーピーペンで、最後に行う季節のものの絵に青色のクーピーペンでそれぞれ○をつけましょう。

〈時　間〉　15秒

〈解　答〉　赤○：クリスマスツリー　青○：七夕

学習のポイント

どの行事がいつの季節のものか知っていれば簡単に答えられる問題です。行事、花、食べ物などは季節と関連付け、少しずつ覚えるようにしましょう。関連付けるということは、この年頃のお子さまにとっては、「経験する」ということと同じです。もう少し成長すれば本やネットから知識を知り、経験と関連付け、知識を深いものにすることもできるでしょうが、それはまだ難しいです。ですから、答えを覚えさせるのではなく、経験を通して自然に知識を定着させていくことが大切になります。このような経験の機会は日常生活に多く存在します。スーパーに買い物に行った際、陳列されている野菜や果物についてお子さまと話をしたり、行事に関連した料理を一緒に作ってみるなど、普段の会話やお手伝いなどに学びのチャンスがあることを忘れないでください。

【おすすめ問題集】
Ｊｒ・ウォッチャー12「日常生活」、34「季節」

問題22　分野：常識（食物）

〈準 備〉　クーピーペン（黒）

〈問 題〉　上と下で関係のあるものを選んで、点と点を線で結びましょう。

〈時 間〉　15秒

〈解 答〉　下図参照

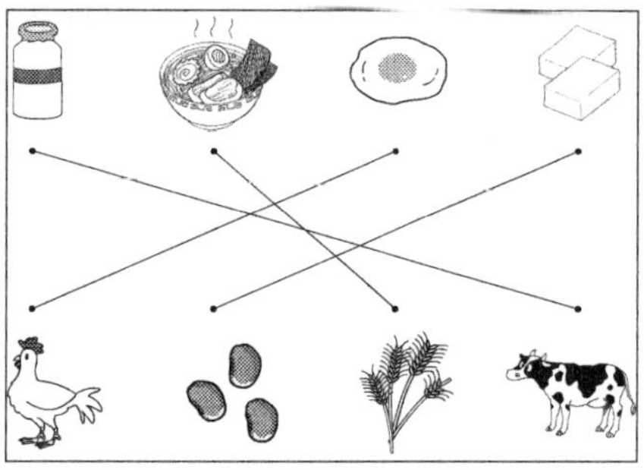

学習のポイント

食品の見た目が、加工前と加工後で大きく異なるものには注意が必要です。試験対策ではなく、一般常識を身につけるためにも、日頃からお子さまに「これは何からできていると思う？」とたくさん質問をしてみましょう。例えば、乳製品は牛乳の他にも、バター、チーズ、ヨーグルト、アイスクリーム、生クリーム、乳酸菌飲料などがあります。また、加工品でなくとも、普段の料理に使っている食材を尋ねてみるのも、お子さまの知識を増やすことに役立ちます。このような会話や、スーパーでの買い物、食事のお手伝いなどを通して、一般常識的な知識は身についていきます。保護者の方は、日常生活にあるたくさんの学びの機会を逃さないようにしてください。

【おすすめ問題集】
　Ｊｒ・ウォッチャー12「日常生活」

問題23　分野：言語（数え方）

〈準 備〉　クーピーペン（赤、青）

〈問 題〉　上の左の四角の絵と同じ数え方をするものに赤色のクーピーペンで○をつけましょう。上の右の四角の絵と同じ数え方をするものに青色のクーピーペンで○をつけましょう。

〈時 間〉　20秒

〈解 答〉　赤○：せんべい、葉っぱ　青○：ゾウ、ライオン

学習のポイント

お子さまのものの数え方が曖昧な場合は、数え方のルールを整理することから始めてみるとよいです。まず、お皿は１枚、２枚と数えますが、枚は比較的厚みのないものを数えるときに使います。次に、クジラは、１匹ではなく１頭と数えます。「匹」と「頭」の違いについては、どちらを使ってもよい生き物や、例外も多いため、お子さまに厳密なところまで教えると混乱してしまうかもしれません。ですから、「匹」は主に人間より小さな生き物に使い、「頭」は人間より大きな生き物に使うと覚えておいて問題はないでしょう。ちなみに、クジラは哺乳類ということも知っておくと、１頭という数え方により納得できるのではないでしょうか。数え方は他にも「１着」「１足」「１輪」「１台」などたくさんありますから、日常生活でこのようなことも意識しながらお子さまと会話してみることをおすすめいたします。

【おすすめ問題集】

Ｊｒ・ウォッチャー12「日常生活」

問題24　分野：推理（積み木・理科）

〈準 備〉　クーピーペン（黒）

〈問 題〉　（事前に問題24-１と問題24-２の絵に色を塗っておく）
（問題24-１を渡す）
赤色、青色、黄色のブロックは、違う色のブロックと重ねて上から見ると、色が変わって見えます。赤色と青色を重ねると紫色、青色と黄色を重ねると緑色、黄色と赤色を重ねるとオレンジ色に見えます。
（問題24-２を渡す）
上の四角の形を矢印の方向から見ると、どのように見えるでしょうか。下の四角から選んで○をつけましょう。

〈時 間〉　20秒

〈解 答〉　下図参照

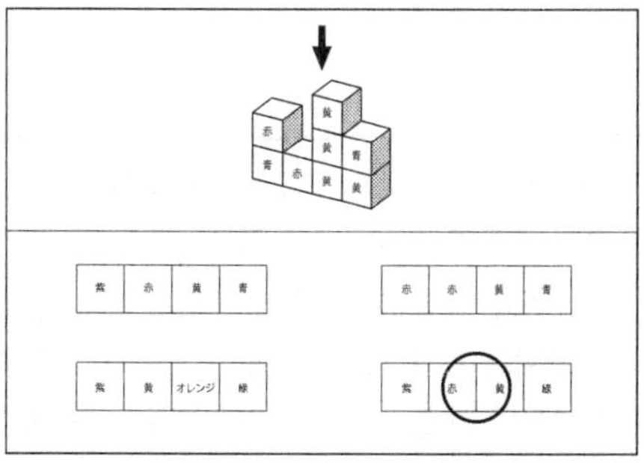

学習のポイント

積み木の観察と、異なる色同士を混ぜ合わせて別の色を作る「混色」を用いた問題です。最初に「赤色と青色を混ぜたら紫色になる」のように混色のルールが説明されていますから、そのルールをきちんと理解し、図形と対応させることができれば解答できます。本問の積み木の重なり方は、それほど複雑ではありませんが、上から見た様子がイメージしにくいときは、実際に積み木を積んでみることをおすすめいたします。混色は、絵具やクレヨンの色を混ぜたり、クリアファイルにそれぞれの色を塗って、重ねて見るなど、実際に体験してみることで理解を深めることができます。

【おすすめ問題集】

Ｊｒ・ウォッチャー16「積み木」、53「四方からの観察(積み木編)」

問題25　分野：図形(積み木)

〈準備〉　クーピーペン(黒)

〈問題〉　上の四角の絵を見てください。この絵を矢印の方向から見るとどのように見えるでしょうか。下の絵から選んで○をつけましょう。

〈時間〉　20秒

〈解答〉　下図参照

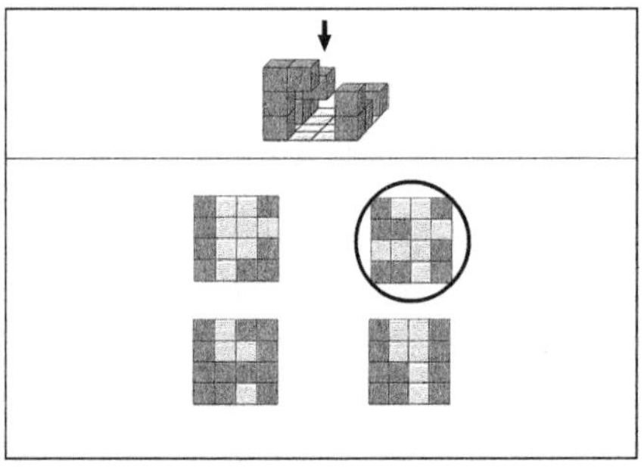

学習のポイント

立体の観察は、口頭で説明しても、なかなか理解はできないと思います。ですから、このような問題の場合、まずは、実際に積み木を使って考えてみることから始めましょう。自分で操作をすることで、それぞれの方向からの見え方が分かり、慣れると頭の中でも積み木を組み立てることができるようになります。本問のように、積み木の一部が空中に浮いている場合は、お子さま１人で立体を完成させるのは難しいですから、保護者の方も積み木を手で持っていてあげるなどして、お子さまが立体を観察する手助けをしてあげてください。また、解答を選ぶ際、明らかに違う選択肢を除外してから考えると、回答時間の短縮や誤答を防ぐのに役立ちます。本問では、立体が置かれていない部分があります。その部分の色が正しい選択肢だけに絞り、落ち着いて解答を導くこともテクニックとして知っておくとよいでしょう。

【おすすめ問題集】

Ｊｒ・ウォッチャー16「積み木」、53「四方からの観察(積み木編)」

問題26　分野：図形（パズル）

〈準　備〉　クーピーペン（黒）

〈問　題〉　上の四角の中からいくつかの形を組み合わせて下の四角の形を作ります。上の四角の中には、どのように組み合わせても下の四角の形を作れないものがあります。その形に○をつけましょう。形は向きを変えたり、裏返してもよいです。

〈時　間〉　20秒

〈解　答〉　下図参照

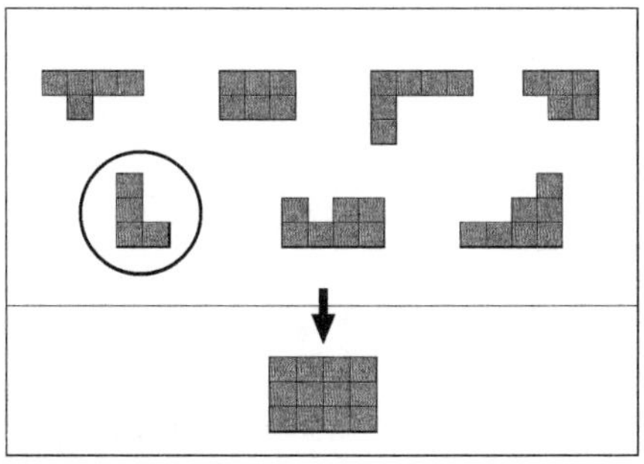

学習のポイント

解答時間が短いため、素早くピースの組み合わせを見つける必要があります。組み合わせを見つけるとき、ほとんどのお子さまはピースの凹凸を見てペアを考えていると思います。この解き方ができているにも関わらず、時間切れで答えに辿り着けなかったり、ピースを組み合わせることに慣れていないことが原因で解答できない場合があります。そのようなときは、ピースを切り取って実際にパズルをしてみましょう。ピースを回転させ、一致するかを確認する作業を繰り返すと、徐々に頭の中でもパズルができるようになります。また、落ち着いて取り組めば正解できるという自信感を持たせてあげることもできます。

【おすすめ問題集】
Ｊｒ・ウォッチャー3「パズル」

問題27　分野：図形（パズル）

〈準　備〉　クーピーペン（黒）

〈問　題〉　左の折り紙は真ん中に穴が空いています。空いた穴をふさぐには、真ん中の形がいくつあればよいですか。必要な数だけ右の四角の中に○を書きましょう。

〈時　間〉　40秒

〈解　答〉　①○：2　②○：6

学習のポイント

頭の中で正確にパズルをすることが必要になります。まず、左側のお手本の形をよく観察します。次に、空いた穴の尖っている部分や四角い部分を三角形でどのように作れるか考えます。三角形は１つだと三角形のままですが、２つを合わせると四角になったり、３つを上下交互に合わせると台形になります。このように三角形だけで、三角形以外の形が作れることを理解しておくと、頭の中でパズルの検討がしやすくなります。検討をすることが難しい場合は、紙を切り取って実際にやってみましょう。いろいろな三角形の合わせ方を試してみることで、三角形以外の形の作り方を学ぶことができます。

【おすすめ問題集】
Ｊｒ・ウォッチャー3「パズル」

問題28　分野：推理（系列）

〈準 備〉　クーピーペン（黒）

〈問 題〉　上の四角の中を見てください。あるお約束事で果物が並んでいます。？の部分には何が入りますか。下の四角の中から選んで○をつけましょう。

〈時 間〉　20秒

〈解 答〉　パイナップル

学習のポイント

系列を完成させるには、どのような約束事で絵が並んでいるかを配列から推理することが必要です。本問は、配列の規則性がパッと見ただけでは掴みにくいです。ここで注目すべきところはバナナです。バナナの両側はブドウのときとリンゴのときがあります。このことに気づくと、バナナをスタート、山頂、ゴールに見立てて、規則的な配列を確認することができます。スタートのバナナから「ブドウ、ミカン、パイナップル、リンゴ」と並び、山頂のバナナに辿り着いたら、今度はさっきとは反対に「リンゴ、パイナップル、ミカン、ブドウ」と並び、ゴールのバナナに行き着きます。ですが、配列の規則を見つけられなくても「？」に入るものは推測することができます。「？」の両側はミカンとリンゴですから、その２つに挟まれている果物を探すせば、すぐにパイナップルとわかります。系列の問題は必ずしも規則性を掴む必要がないことも知っておくと便利でしょう。

【おすすめ問題集】
Ｊｒ.ウォッチャー6「系列」

問題29　分野：常識（理科）

〈準備〉　クーピーペン（黒）

〈問題〉　①同じ高さだけ水の入ったコップが４つあります。それぞれのコップの中に同じ大きさの石を１つ入れたとき、水の高さが１番高くなるコップを選び、下の　四角に〇を書きましょう。
②同じ高さだけ水の入ったコップが４つあります。それぞれのコップの中に入っている石をすべて取り出したとき、水の高さが２番目に高くなるものを選び、下の四角に〇を書きましょう。

〈時間〉　各20秒

〈解答〉　下図参照

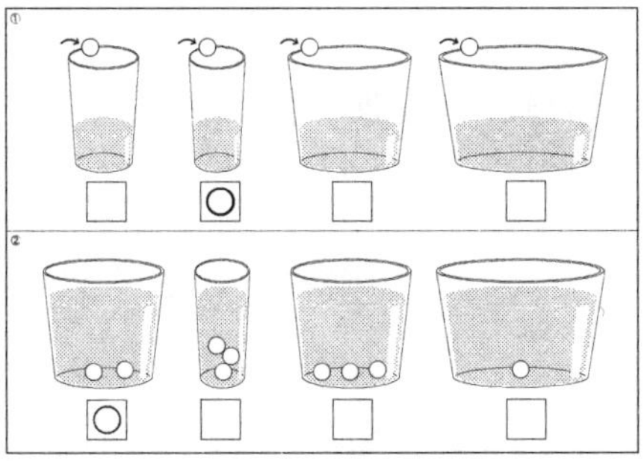

学習のポイント

日常生活で、ジュースや水に氷を入れたとき、中身があふれたことはありませんか。このような経験は本問を解く際に考えるヒントになります。理科的な知識が必要な問題なので、一見難しく感じるかもしれませんが、普段の生活体験と関連付けて考えることでお子さまは理解しやすくなります。ご家庭で、本問と同じ実験をしてみることもよいでしょう。水の高さは同じでも、容器の大きさによって入っている水の量が違うことを確認したり、石を出し入れすることでそれぞれの容器の水の高さがどのように変化するかなど、実際に体験し、保護者の方と一緒に話し合ってみてください。小学校受験で必要な理科的な知識は、普段の生活体験を通して獲得できるものがほとんどです。お子さまに、いろいろな経験をさせてあげることが、小学校受験だけでなく、入学後の小学校生活にも役立つことを忘れないでください。

【おすすめ問題集】
Ｊｒ．ウォッチャー27「理科」、55「理科②」

問題30　分野：数量（一対多の対応）

〈準備〉　クーピーペン（黒）

〈問題〉　１段目の四角を見てください。左側の卵焼きを作るのに、右側にある分だけ卵を使います。２段目の四角を見てください。この卵焼きを作るのに、卵はいくつ必要ですか。必要な分だけ、３段目の四角に〇を書きましょう。

〈時間〉　20秒

〈解答〉　〇：10

学習のポイント

この問題は、基本的な数量概念があるかどうかを観ているものです。数える数も多くないため、難易度は高くありません。ですから、解答時間も短く設定されているものと思われます。まず、卵をいくつ使うと卵焼き１つができるかを整理します。卵４つで卵焼き２つができるということは、卵焼き１つを作るには、卵は４の半分の２つが必要ということになります。卵焼き１つに対応する卵の数がわかったら、あとは数えるだけです。お子さまが本問を間違えてしまった場合は、保護者の方は、一対多の対応の時点で間違えたのか、数を数え間違えたのかを確認してください。お子さまが一対多の対応に苦手意識を持たれていたら、最初は具体物を用意したり、本問の絵を切り取るなどして、ものを手で動かしながら考えることをおすすめいたします。道具を使いながら考えることで、数の対応はイメージしやすくなります。

【おすすめ問題集】
Ｊｒ・ウォッチャー14「数える」、38「たし算・ひき算１」、
39「たし算・ひき算２」、42「一対多の対応」

問題31　分野：常識・数量

〈準備〉　クーピーペン（黒）

〈問題〉　１段目と２段目の四角を見てください。四角の中にある乗り物には、タイヤがついています。どちらの四角の中にある乗り物の方がタイヤが多いでしょうか。多い分だけ、３段目の四角に○を書きましょう。

〈時間〉　20秒

〈解答〉　○：６

学習のポイント

単純な足し算ではなく、「三輪車はなぜ三輪車というのか」「自転車の車輪はいくつなのか」「車のタイヤはいくつなのか」という常識問題でもあります。解答用紙には、自動車や救急車は、真横から見たままの状態で描かれてあり、車輪は２つしか見えていません。よって、問題をしっかり聞いていなければ、絵を見たまま車輪を数え、誤った数の○を書くことになるでしょう。最近では、実物の三輪車を目にすることが難しくなりましたが、こういう問題に触れることによって、乗り物の車輪の数やどこをどのように走っているのか、家族で話してみることも良いきっかけになると思います。

【おすすめ問題集】
Ｊｒ．ウォッチャー14「数える」、29「日常生活」

問題32　分野：数量（数を分ける）

〈準備〉　なし

〈問題〉　上の四角を見てください。男の子と女の子がそれぞれおはじきを持っています。２人のおはじきの数を同じにするには、男の子は女の子にいくつあげればよいですか。男の子が女の子にあげる分だけ、下の四角に○を書きましょう。

〈時間〉　20秒

〈解答〉　○：２

学習のポイント

基本的な数量の問題です。考え方としては「たし算」「ひき算」「わり算」なのですが、単純に数えることができれば解ける問題でもあります。解き方としては、まず、男の子と女の子のおはじきを数えます。おはじきは全部で10枚あるため、２人に同じ数ずつ分けるには、５枚ずつ配ることになります。女の子が持っているおはじきは３枚ですから、足りない２枚を男の子があげることになります。このように順序立てて、落ち着いて考えていけば、正解に辿り着くことができます。小学校受験の数量の問題は、おはじきなどを動かしながら考えていくことが土台になります。ペーパー学習以前に、ものを使った基礎学習から始めるようにしてください。

【おすすめ問題集】
Ｊｒ・ウォッチャー14「数える」、38「たし算・ひき算１」、
39「たし算・ひき算２」

問題33　分野：個別テスト（口頭試問）

〈準備〉　なし

〈問題〉　**この問題の絵はありません。**
あいさつの後、以下の質問をする。
・あなたの名前を教えてください
・あなたの通っている幼稚園または保育園の名前を教えてください
・この学校（昭和学院小学校）の名前は何ですか
・寝る前にすることを教えてください。（１つだけ答えた場合）他にも何かありますか
・家族や学校の中で好きな人を１人教えてください。どうして好きなのか理由も教えてください

〈時間〉　適宜

〈解答〉　省略

学習のポイント

特に難しいことを聞かれるわけではないので、個別テストのウォーミングアップ的な課題だと考えてください。口頭試問では、解答内容だけでなく、解答中の態度や言葉遣いなども観られます。相手の目を見て話す、相手に聞こえる声量で話す、落ち着きのない振る舞いはしない、家族やお友だちと話すときのような言葉遣いはしない、などがポイントです。初対面の人と話すことに過度に緊張しないためには、普段から公園に行って初めて会うお友だちと遊んだり、スーパーに買い物に行った際、どこに陳列されているのかわからない商品があればお店の人に聞くなどし、いろいろな人と会話をする経験を重ねるとよいでしょう。そうすることで、お子さまのコミュニケーション力は育まれていきます。

【おすすめ問題集】
新　口頭試問・個別テスト問題集、口頭試問最強マニュアル　ペーパーレス編、
Ｊｒ・ウォッチャー29「行動観察」

問題34　分野：個別テスト（お話作り）

〈準備〉　なし

〈問題〉　（事前に問題34の４枚の絵を線に沿って切り取っておく）
４枚の絵があります。この４枚の絵を好きなように並べてお話を作ってみましょう。

〈時間〉　お話を考える時間：20秒　お話を発表する時間：適宜

〈解答〉　省略

学習のポイント

当然ですが４枚の絵をすべて使った方が評価が高いです。繋がりのよいストーリーになっていなくても、４枚の絵をすべて使って、何とかお話らしいものが作れればよいでしょう。口頭試問形式の課題の場合、答えた内容もさることながら「指示が理解できているか」「どのように考えて伝えているか」といった、集中力やコミュニケーション力が重要視されています。本問はお話作りですから、考えたお話を披露する際は、聞く相手がわかりやすい説明を意識してできるとよいでしょう。例えば、「リスさんは泣いた」のように、絵をそのまま説明するのではなく「帽子が飛んでいったのが悲しくてリスさんは泣いた」というふうに、絵の補足説明ができると、相手にお話の内容がよりわかりやすく伝わります。保護者の方は、お子さまがお話作りをする際「絵を並び順に説明するだけでなく、絵の中の登場人物の気持ちも想像して話してみるといいよ」というアドバイスをすると、お話に厚みが出ますから、お試しください。

【おすすめ問題集】
新　口頭試問・個別テスト問題集、口頭試問最強マニュアル　ペーパーレス編、
新ノンペーパーテスト問題集、Ｊｒ・ウォッチャー21「お話作り」

問題35　分野：個別テスト（マナー・モラル）

〈準備〉　子ども用の椅子

〈問題〉　この問題の絵はありません。

①公園に遊びに行きました。ブランコで遊ぼうとすると、お友だちがやって来て、「砂場で一緒に遊ぼう」と声をかけてきました。あなたは、このときどうしますか。

以下、①の質問に対する志願者の回答によって次の質問②が変わる。
A．回答が「一緒に砂場で遊ぶ」だった場合
②ブランコで遊べなくなるけどよいですか。
B．回答が「断ってブランコで遊ぶ」だった場合
②もう１度、「砂場で遊ぼう」と誘われたらどうしますか。
C．回答が「一緒にブランコで遊ぶように誘う」だった場合
②「やっぱり砂場で遊ぼう」と言われたらどうしますか。
D．回答が「知らんぷりをする」または無回答だった場合
②追加の質問は無し

③砂場で遊び終わったとき、お母さんが迎えに来て帰らないといけなくなったとき、お友だちに「すべり台に行こう」と誘われました。あなたは、このときどうしますか。

④公園で遊ぶときに気をつけた方がよいことは何ですか。

〈時間〉　１分

〈解答〉　省略

学習のポイント

マナーやモラルについての問題です。大げさに言えば「どのように行動するのが、友だちにも自分にもよいのか」と考えるということになりますが、①の回答例を見る限り、常識的な答えをしておけば問題ないでしょう。また、「こうしたら友だちが困ってしまうから、そうならないように気を使ってあげる」という回答への評価は当然高くなっています。本問は一問一答ではなく、回答を深掘りする形式ですから、付け焼き刃の模範解答では意味がありません。ごく当たり前に、マナーのある言動ができるよう、保護者の方はお子さまのお手本となって、日頃から指導をしましょう。また、お子さまの言動を褒めることも大切です。マナーのある行いや、相手を気遣う行いを褒められると、お子さまは自分の言動に自信を持てます。お子さまが「よいこと」を自ら考え、実行できるよう、保護者の方はサポートをしてください。

【おすすめ問題集】
新　口頭試問・個別テスト問題集、口頭試問最強マニュアル ペーパーレス編、
新ノンペーパーテスト問題集、Ｊｒ・ウォッチャー12「日常生活」

問題36　分野：個別テスト（言語）

〈準備〉　なし

〈問題〉　（事前に問題36-2の絵を切り取っておく）

①（問題36-1を渡す）
四角の中には、さいころの目と同じ数の音の言葉が入ります。
（切り取った問題36-2の木のカードを見せる）
これは何ですか。
（受験者が回答する）
これは「き」なので、音の数は1つです。
だから、この四角にカードを置きます。
（問題36-1のさいころの1の目がある四角に木のカードを置く）
（切り取った問題36-2のネコのカードを見せる）
これは何ですか。
（受験者が回答する）
これは「ねこ」なので、音の数は2つです。
だから、この四角にカードを置きます。
（問題36-1のさいころの2の目がある四角にネコのカードを置く）
（問題36-1のさいころの3の目がある四角を指しながら）
では、この四角の中に入る言葉を考えて言ってください。

②（問題36-1の上に置いたカードをすべて片づける）
今度はしりとりでカードを置いていきます。
（切り取った問題36-2の葉のカードを問題36-1のさいころの1の目がある四角に置く）
では、残り2つの四角には何が入りますか。それぞれカードを置いてください。
（カードを置き終わったら）
しりとりを初めから読んでみてください。

〈時間〉　適宜

〈解答〉　①省略　②は、はし、シャチ

学習のポイント

回答のルールは、順序立てて丁寧に説明されますから、集中して聞き、理解しましょう。設問①では3文字の言葉を答えられればよいです。設問②では、しりとりのルールが追加され、解答は用意された選択肢から選ぶことになります。本問に出てくる言葉は、どれも日常生活で自然と習得できるレベルのものですが、語彙に不安がある場合は、図鑑を読んだり、外に出ていろいろなものを観察しながら、言葉とそのものを一致させていきましょう。また、しりとりや、同頭語集め、同尾語集めなどはいつでもどこでもできる、語彙を鍛える遊びですから、お子さまと一緒に楽しみながら取り組んでみてはいかがでしょうか。

【おすすめ問題集】
新 口頭試問・個別テスト問題集、口頭試問最強マニュアル ペーパーレス編、
Ｊｒ・ウォッチャー17「言葉の音遊び」、18「いろいろな言葉」、29「行動観察」
49「しりとり」

問題37　分野：個別テスト（パズル）

〈準備〉　なし

〈問題〉　（事前に問題37－２、37－３の形を切り取っておく）
（問題37－１と、切り取った問題37－２の形を渡す）
①お手本と同じ形はどれですか。その形を渡してください。
（問題37－２の六角形２つを回収する）
②残った形を組み合わせて、お手本と同じ形を作りましょう。
（切り取った問題37－３の形を渡す）
③形を組み合わせて、お手本と同じ形を作りましょう。

〈時間〉　適宜

〈解答〉　①省略　②台形２つを組み合わせる
③正三角形２つとひし形２つを組み合わせる

学習のポイント

個別テストのパズルは、実際にピースを手で動かしながら考えられるため、ペーパーテストのパズルより取り組みやすいお子さまも多いのではないでしょうか。本問では、正六角形がいろいろな図形に分解されています。ある図形を分解すると、全く異なる図形がいくつかできるということを知っていると、このようなパズルの問題は解きやすくなります。パズルは、図形の特徴を理解することに役立ちますから、普段から、ご家庭でも遊びのような感覚で取り組むことをおすすめいたします。パズルは、本問のように完成形が提示された状態からピースを考える場合と、反対に、決められたピースから図形を作る場合がありますから、どのような出題形式にも対応できるよう、いろいろなトレーニングをお子さまにさせてください。

【おすすめ問題集】
新 口頭試問・個別テスト問題集、口頭試問最強マニュアル ペーパーレス編、
新ノンペーパーテスト問題集、Ｊｒ・ウォッチャー3「パズル」

問題38　分野：制作

〈準備〉　赤色と青色の細長い紙（１本ずつ）、オレンジ色の折り紙、紙のリンゴ、クーピーペン（12色）、スティックのり、はさみ

〈問題〉　**この問題は絵を参考にしてください。**
（モニターに１回だけ作り方が映される）
・今から葉っぱを作ります。まず、オレンジ色の折り紙を、オレンジ色が外側になるように半分に折ります。折り目を自分の方に置き、黒のクーピーペンで葉っぱの形を描きます。描いた線に沿ってはさみで切り取り、広げます。茶色のクーピーペンで葉っぱの線を描き、問題38-1の左上の○の中に貼ります。
・赤色の細長い紙は縦、青色の細長い紙は横にして端を重ねて、のりで合わせます。かわりばんこに紙の幅ずつ折り返していきます。最後まで折ったら、その上に紙のリンゴを貼ります。問題38-1の右上の△の中に貼ります。
・問題38-1の左下のブドウは、大きな○を黄緑、小さな○を青、葉っぱを緑のクーピーペンで塗りましょう。
・問題38-1の右下の□の中に、秋の果物の絵を、好きな色のクーピーペンで書きましょう。

〈時間〉　適宜

〈解答〉　省略

学習のポイント

折り紙や塗り絵、お絵描きという、遊びのような楽しい作業に感じますが、細かく明確な指示があるため、お手本通りの正しい制作ができるようにしましょう。また、正確さだけでなく丁寧さにも気を配りましょう。例えば、塗り絵では黒い枠線を大幅にはみ出さないように色を塗る必要があります。クーピーペンで描く線の幅は、鉛筆より太くなりますから、黒い枠線の近くを塗るときは、特に慎重にクーピーペンの先端を動かしましょう。普段から、文房具を使っているほど、このような繊細な作業は得意になっていきます。本問では、制作の技術力もさることながら、指示をどこまで聞けていたか、道具の使い方や片づけなどから、日常生活を窺っています。作業だけに集中するのではなく、使ったものはすぐに片づける、クーピーペンが折れないように丁寧に扱うなども意識して、日々練習を重ねましょう。

【おすすめ問題集】

Ｊｒ.ウォッチャー22「想像画」、23「切る・貼る・塗る」、24「絵画」、
実践　ゆびさきトレーニング①②③

問題39　分野：運動

〈準備〉　なし

〈問題〉　**この問題の絵はありません。**
・模倣体操
・リズム体操
・クマ歩き
・スキップ

〈時間〉　10分

〈解答〉　省略

学習のポイント

オーソドックスな運動の課題なので、特別な対策は必要ないでしょう。ただ、苦手な課題があるとしたら、克服しておいた方がよいでしょう。課題がうまくできないからダメということはありませんが、苦手があると、どうしても気持ちが後ろ向きになってしまい、運動課題全体に影響してしまう可能性があります。得意ではないにしても、その課題が嫌ではない程度にはしておきましょう。また待っている時間の態度や姿勢も評価の対象です。特に、早く終わったお子さまは、終わったことへの安心感や、長い待ち時間があるため、緊張感や集中力が切れ、私語やふざけ合いをしてしまうかもしれません。待ち時間の過ごし方についても、練習をしておきましょう。

【おすすめ問題集】

新 運動テスト問題集、Ｊｒ・ウォッチャー28「運動」

問題40　分野：親子面接

〈準 備〉　なし

〈問 題〉　**この問題の絵はありません。**

【保護者へ】
・当校への志望理由を教えてください。
・併願校はどちらですか。
・お仕事の内容を具体的にお聞かせください。
・学校説明会にはいらっしゃいましたか。そのときの印象をお聞かせください。
・お休みの日はどのようにお子さんと過ごしていますか。
・子ども同士で何かトラブルがあったときはどう対応しますか。
・子育てで気を付けていることはありますか。
・最近、お子さまを褒めたこと、叱ったことを教えてください。
・ご家庭のしつけについて教えてください。

【志願者へ】
・お名前とお誕生日を教えてください。
・この小学校の名前を教えてください。
・今日はどのようにしてここまで来ましたか。
・お父さん、お母さんのお名前を教えてください。
・自分の家の住所と電話番号を教えてください。
・通っている幼稚園（保育園）のお名前を教えてください。
・幼稚園（保育園）のクラスのお名前と、担任の先生のお名前を教えてください。
・幼稚園（保育園）の叱られたことはありますか。それはなぜですか。
・仲の良いお友だち３人のお名前を教えてください。そのお友だちとは何をして遊びますか。
・朝ごはん（昼ごはん）は何を食べましたか。
・お母さんの作るお料理で１番好きなものは何ですか。
・電車やバスの中でしてはいけないことは何ですか。
・嫌いな食べ物はありますか。
・将来は何になりたいですか。それはなぜですか。

〈時 間〉　15分

〈解 答〉　省略

学習のポイント

それほど込み入った質問をされることはないので、リラックスして面接に臨みましょう。面接は、本番ではそれほどできることはありません。それまでの子育てや躾の集大成という位置付けになります。だからこそふだんの生活が大切になります。面接をする先生方は、毎年多くの保護者を面接をしてきているので、付け焼き刃の対応はすぐに見抜かれてしまいます。特にお子さまは、面接の時だけ取り繕うなどという器用なことはできません。多少はよそ行きの態度になってしまうかもしれませんが、できるだけ正直に話ができるように、ふだんから心がけておきましょう。面接はアピールの場ではないので、背伸びせず、いつも通りの自然の姿を見せることが大切です。

【おすすめ問題集】
新小学校受験の入試面接Ｑ＆Ａ、家庭で行う面接テスト問題集、
保護者のための面接最強マニュアル

☆国府台女子学院小学部

① ② ③ ④

2024 年　国府台・昭和学院　過去　無断複製／転載を禁ずる　　　　　　日本学習図書株式会社

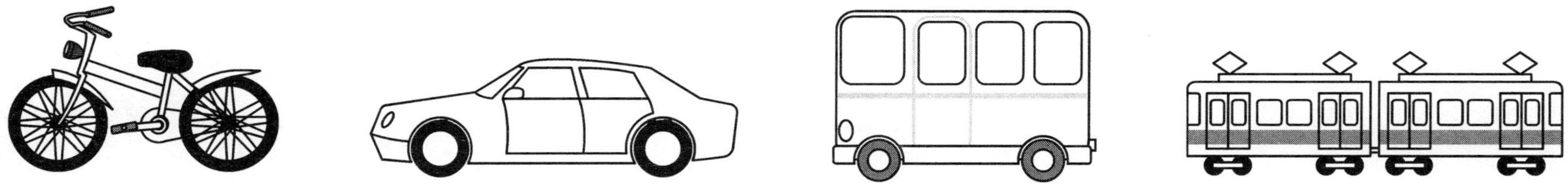

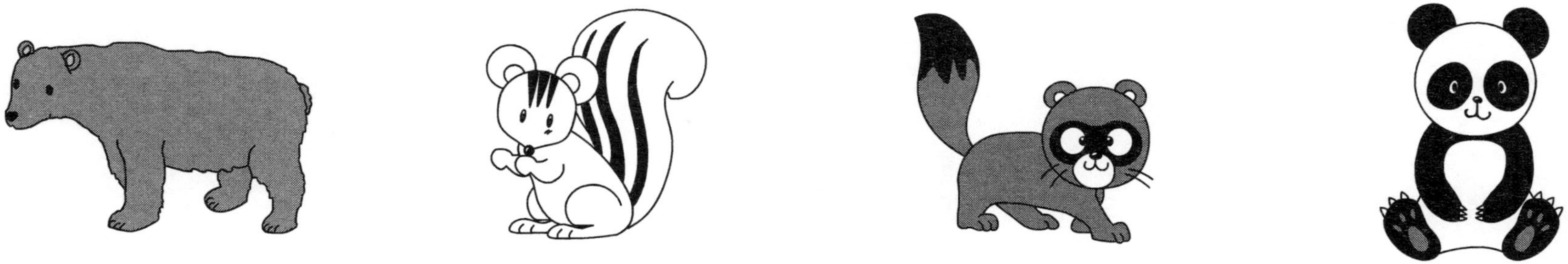

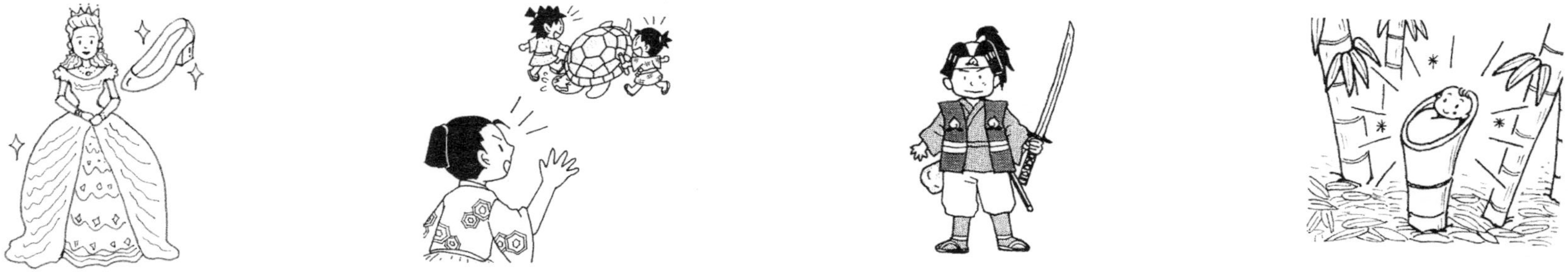

問題2－1

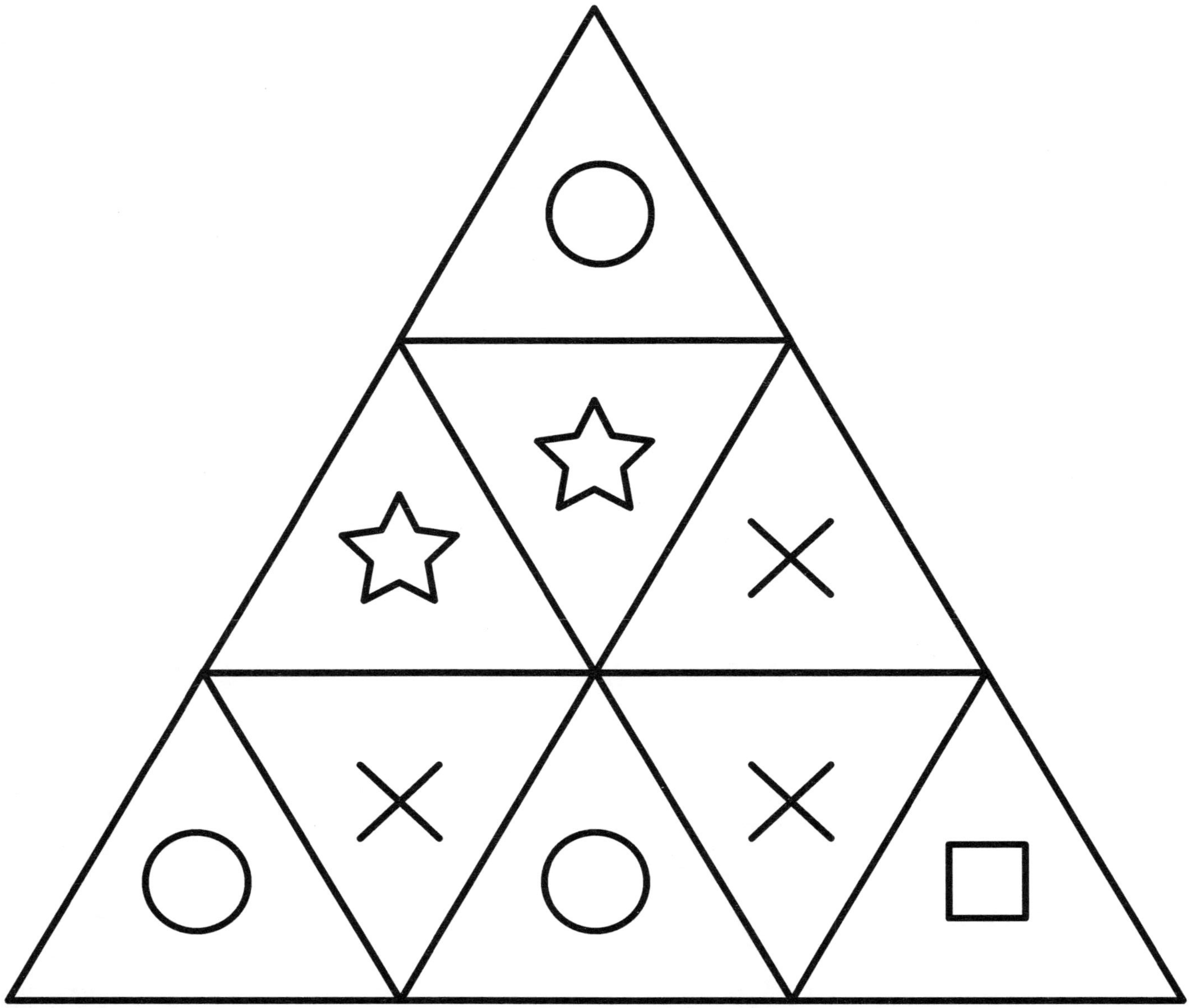

問題２－２

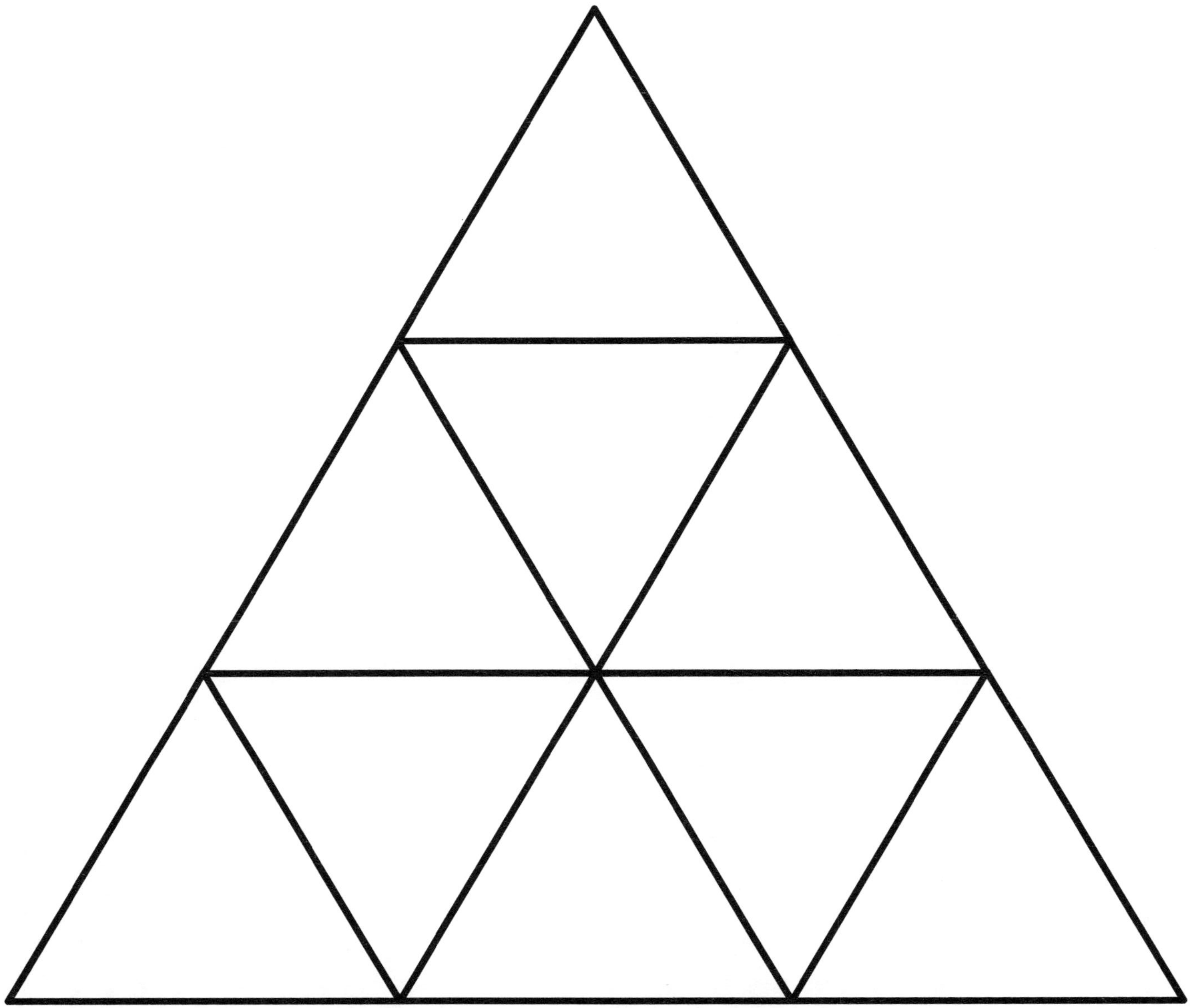

　

日本学習図書株式会社

☆国府台女子学院小学部

問題3－1

☆国府台女子学院小学部

問題 3 － 2

☆国府台女子学院小学部

問題４

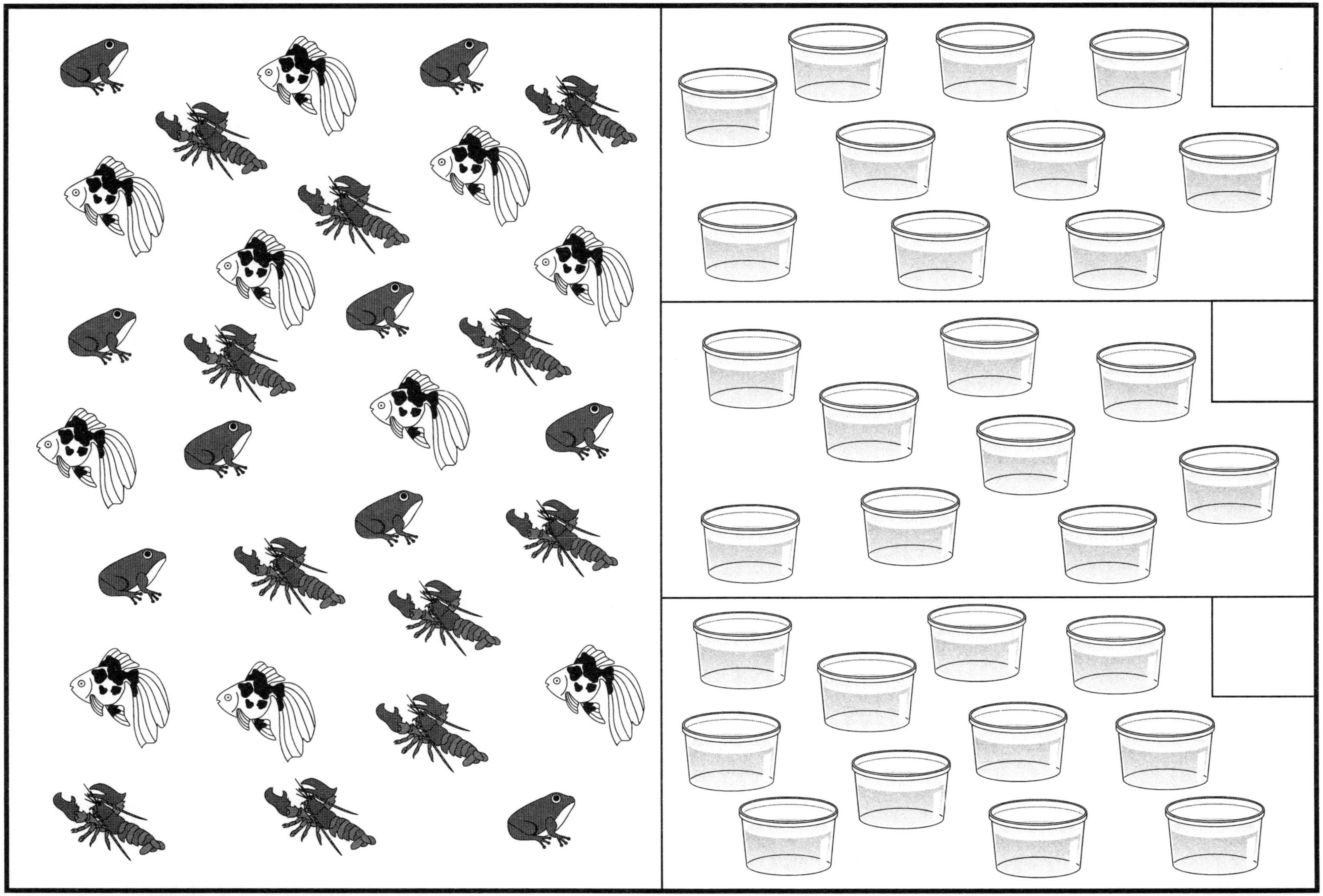

問題5－1

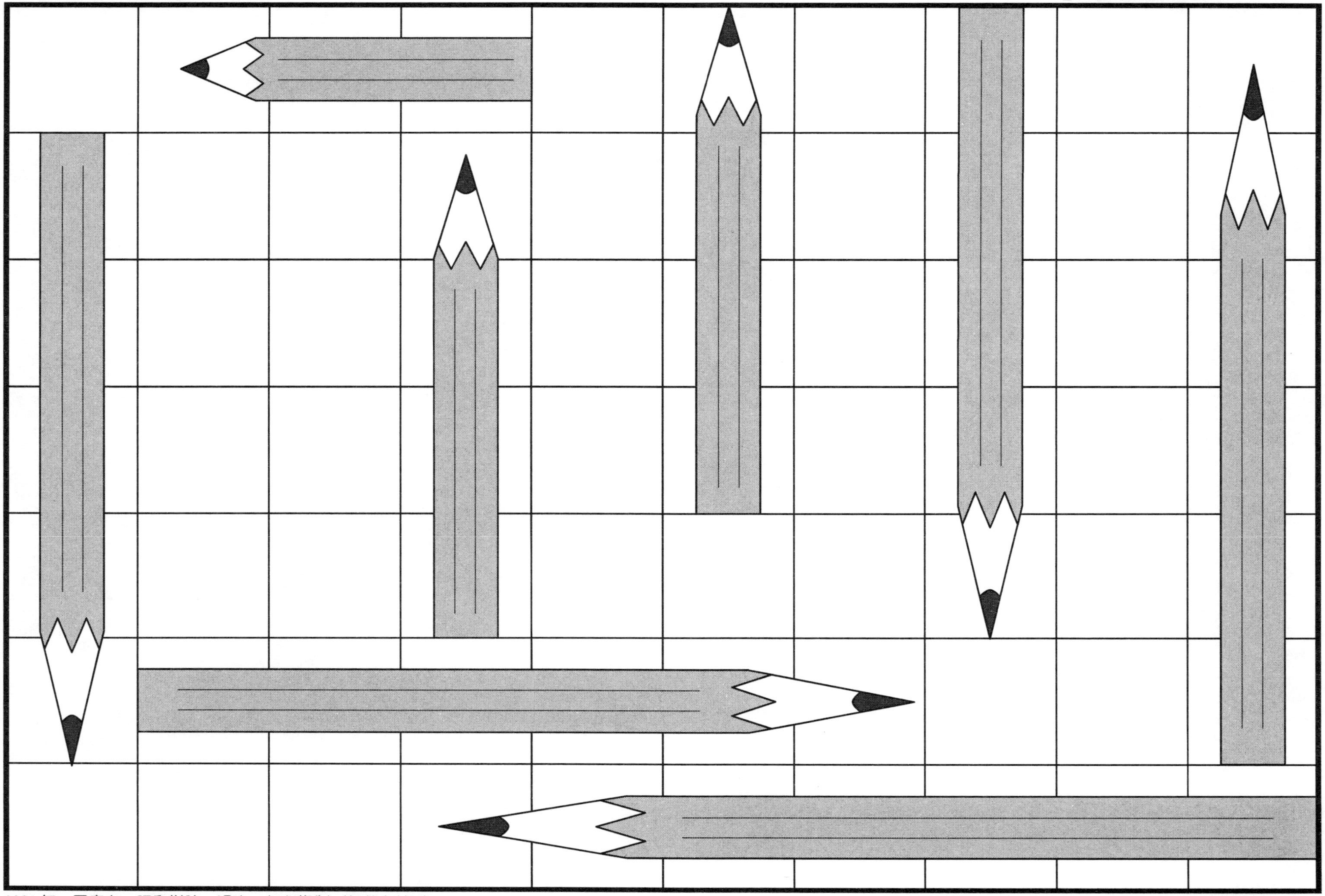

☆国府台女子学院小学部

2024年 国府台・昭和学院 過去 無断複製/転載を禁ずる 日本学習図書株式会社

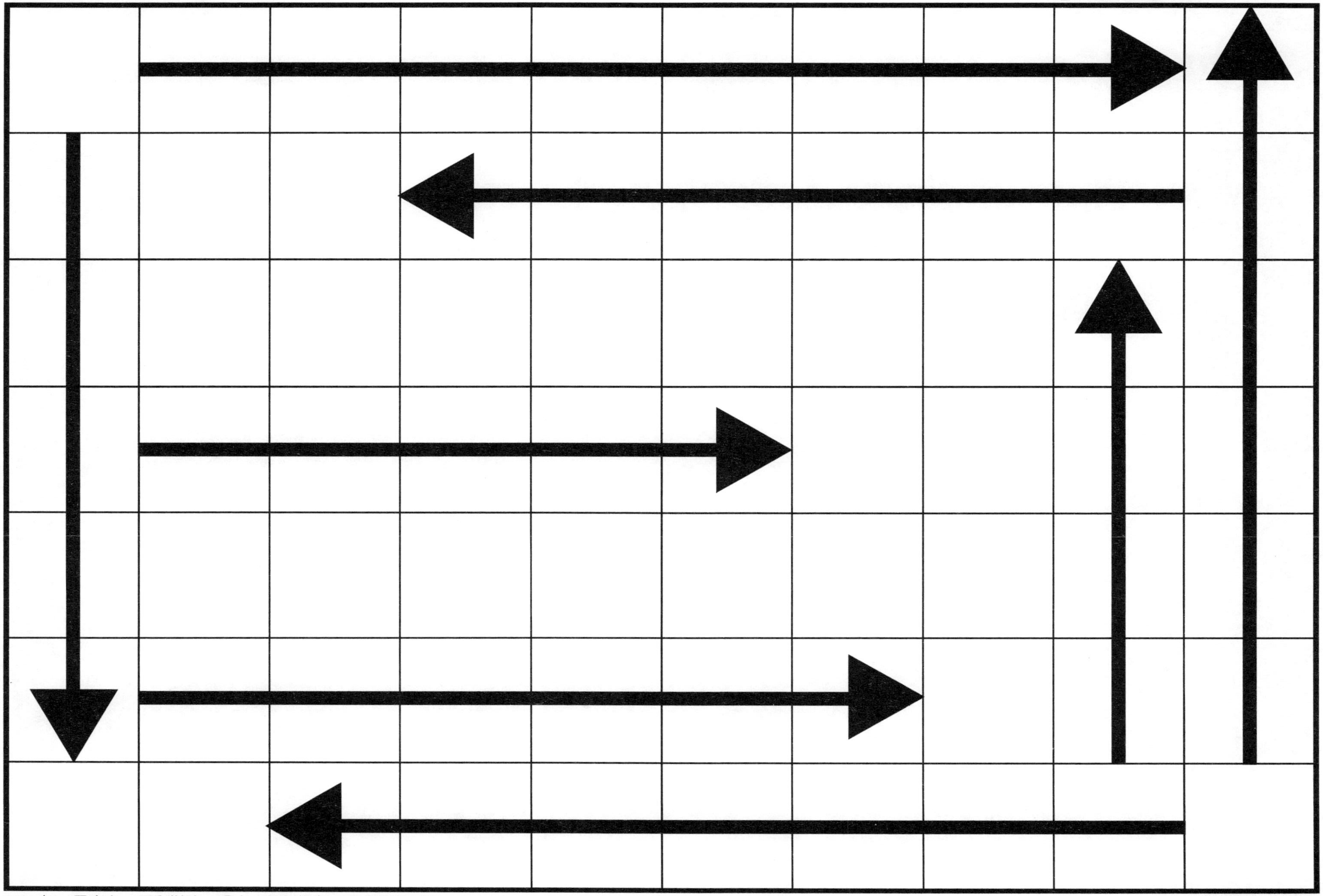

☆国府台女子学院小学部

問題6－1

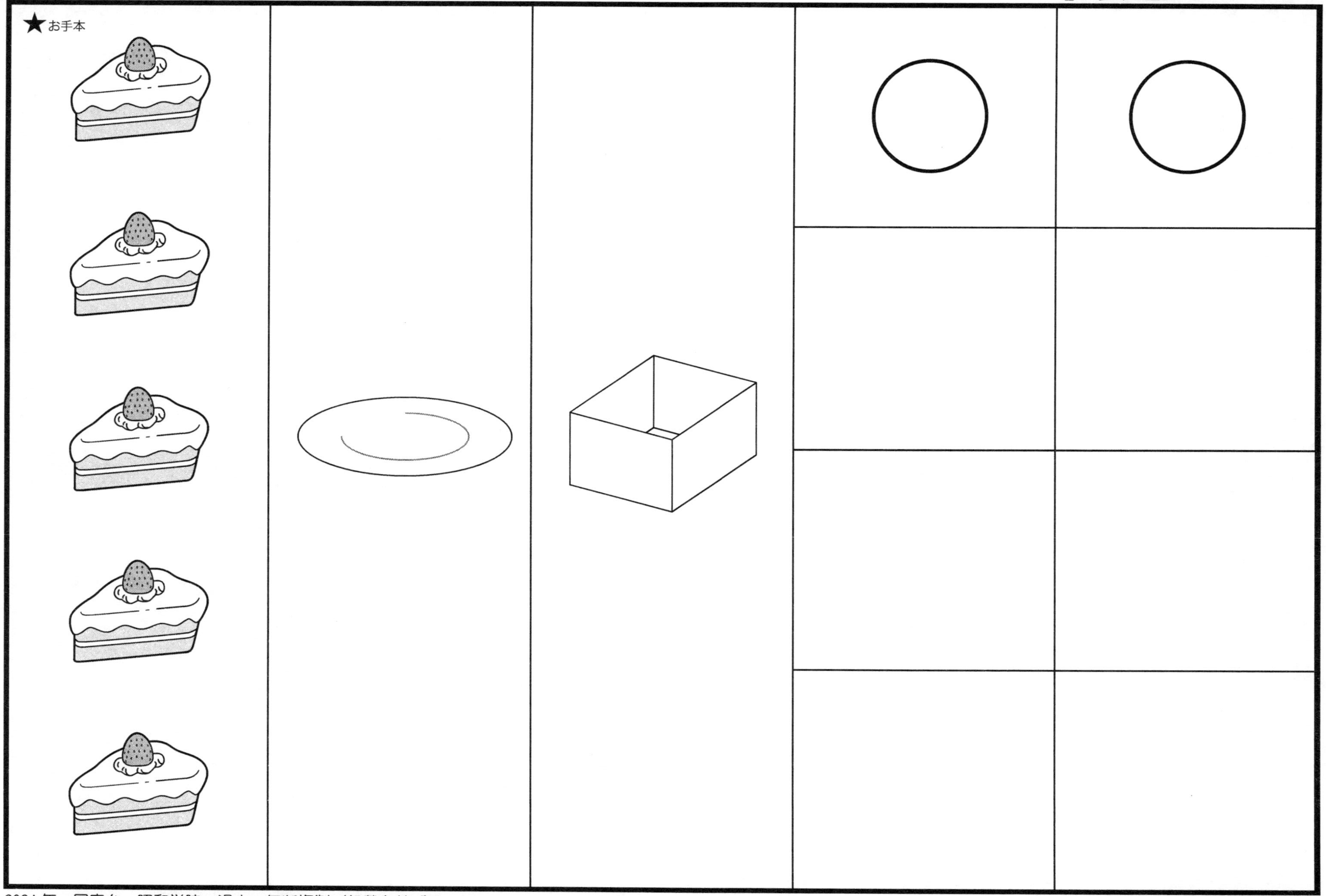

　

問題 6 － 2

☆国府台女子学院小学部

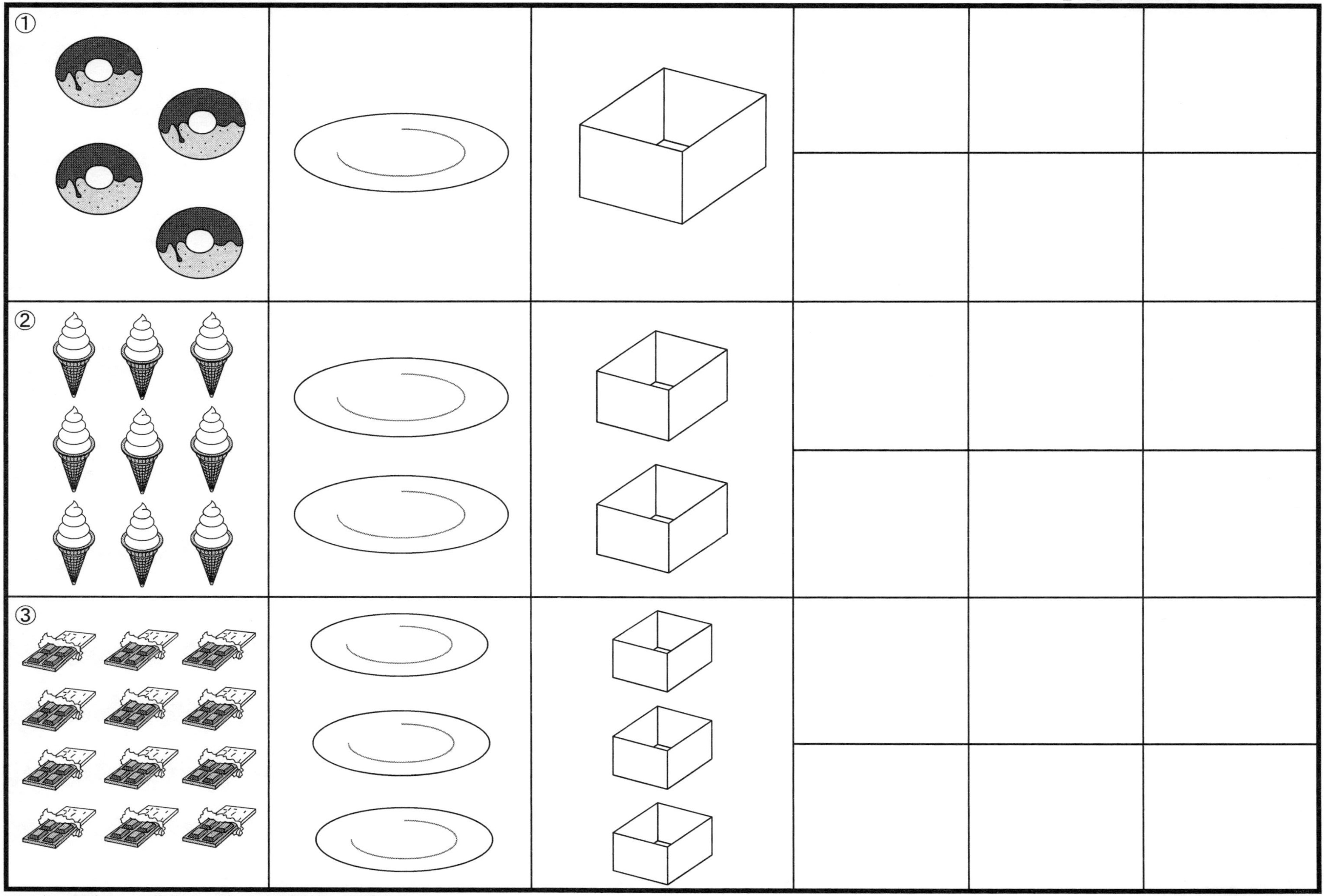

☆国府台女子学院小学部

問題７

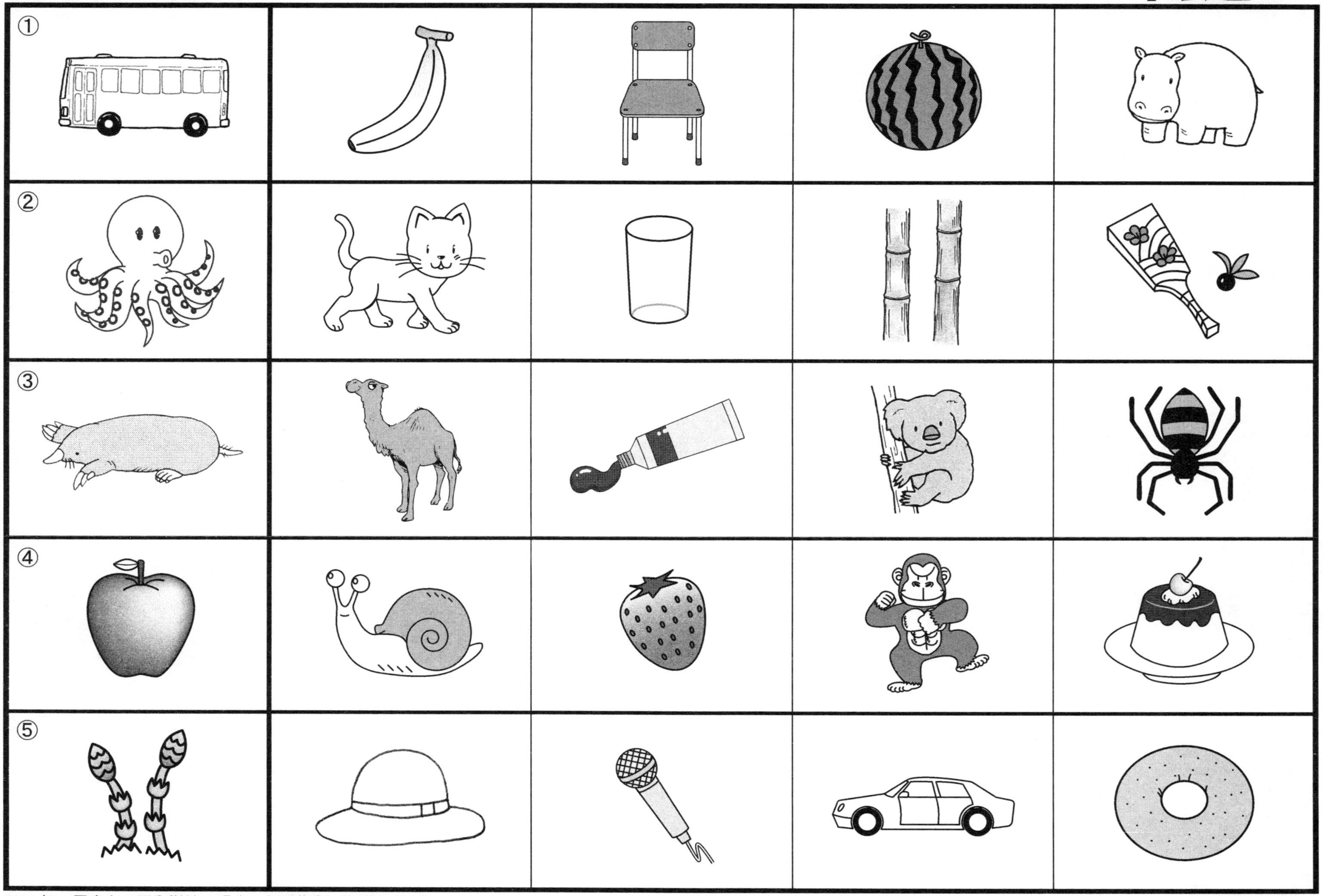

日本学習図書株式会社

2024年 国府台・昭和学院 過去 無断複製／転載を禁ずる 日本学習図書株式会社

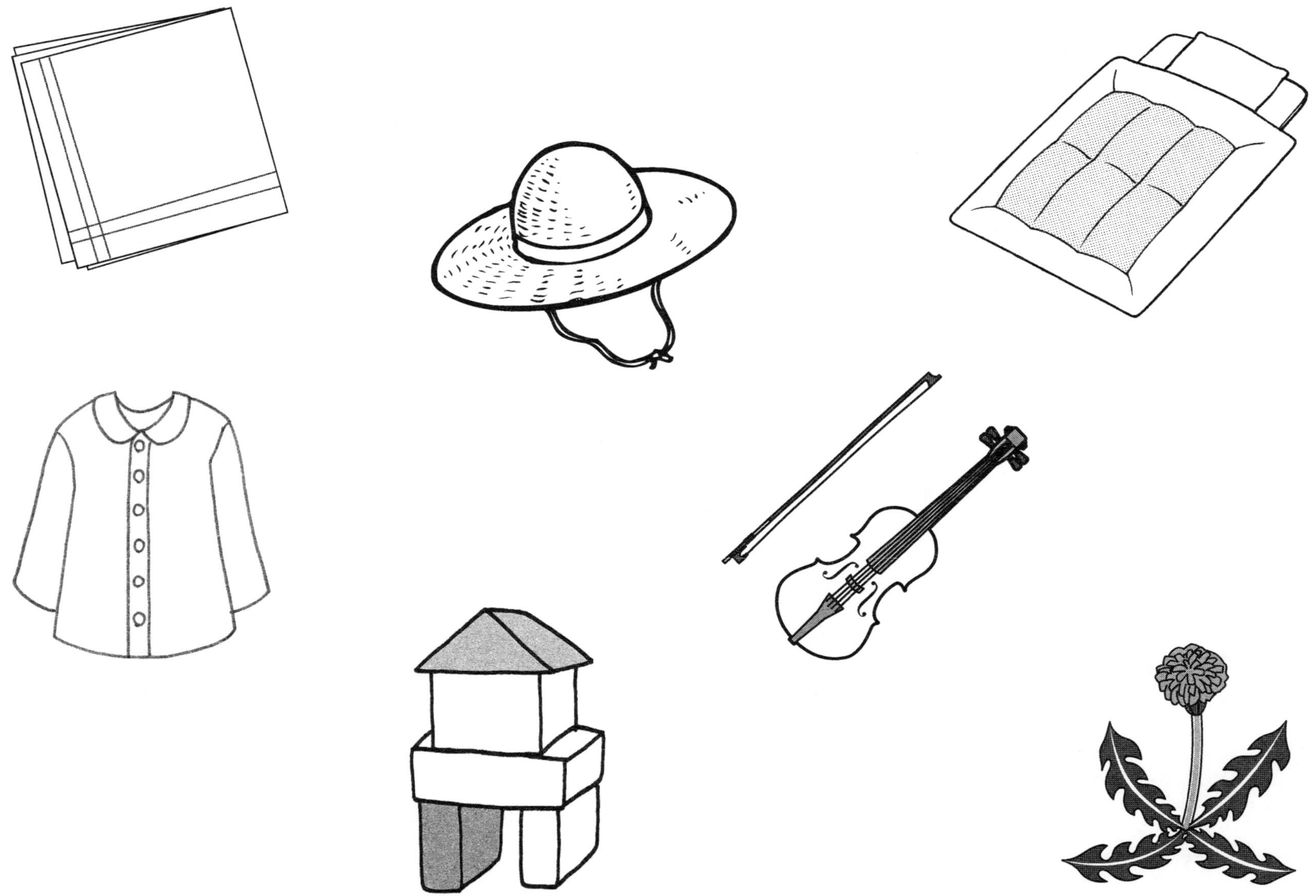

問題 9

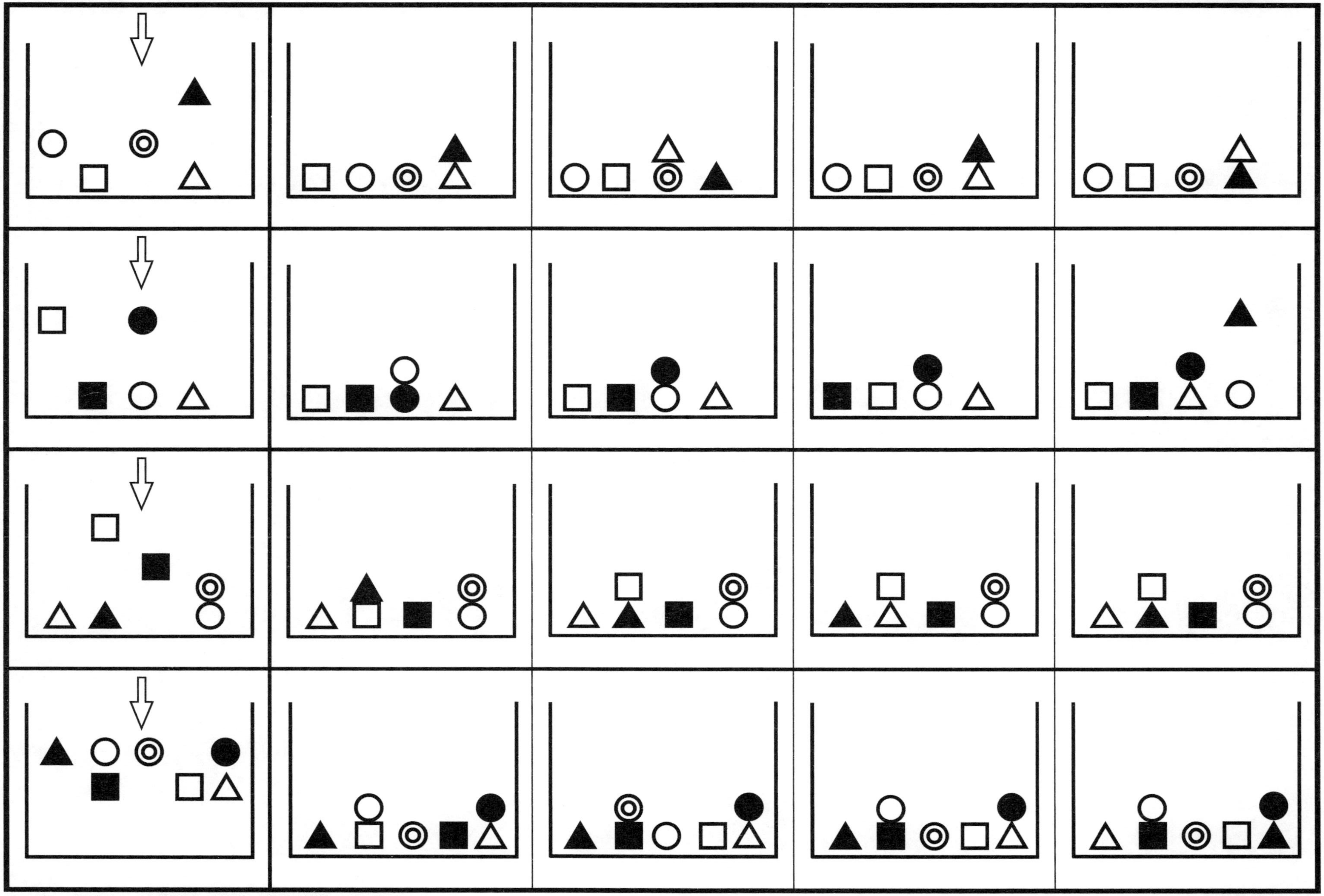

日本学習図書株式会社

問題15

日本学習図書株式会社

☆国府台女子学院小学部

日本学習図書株式会社

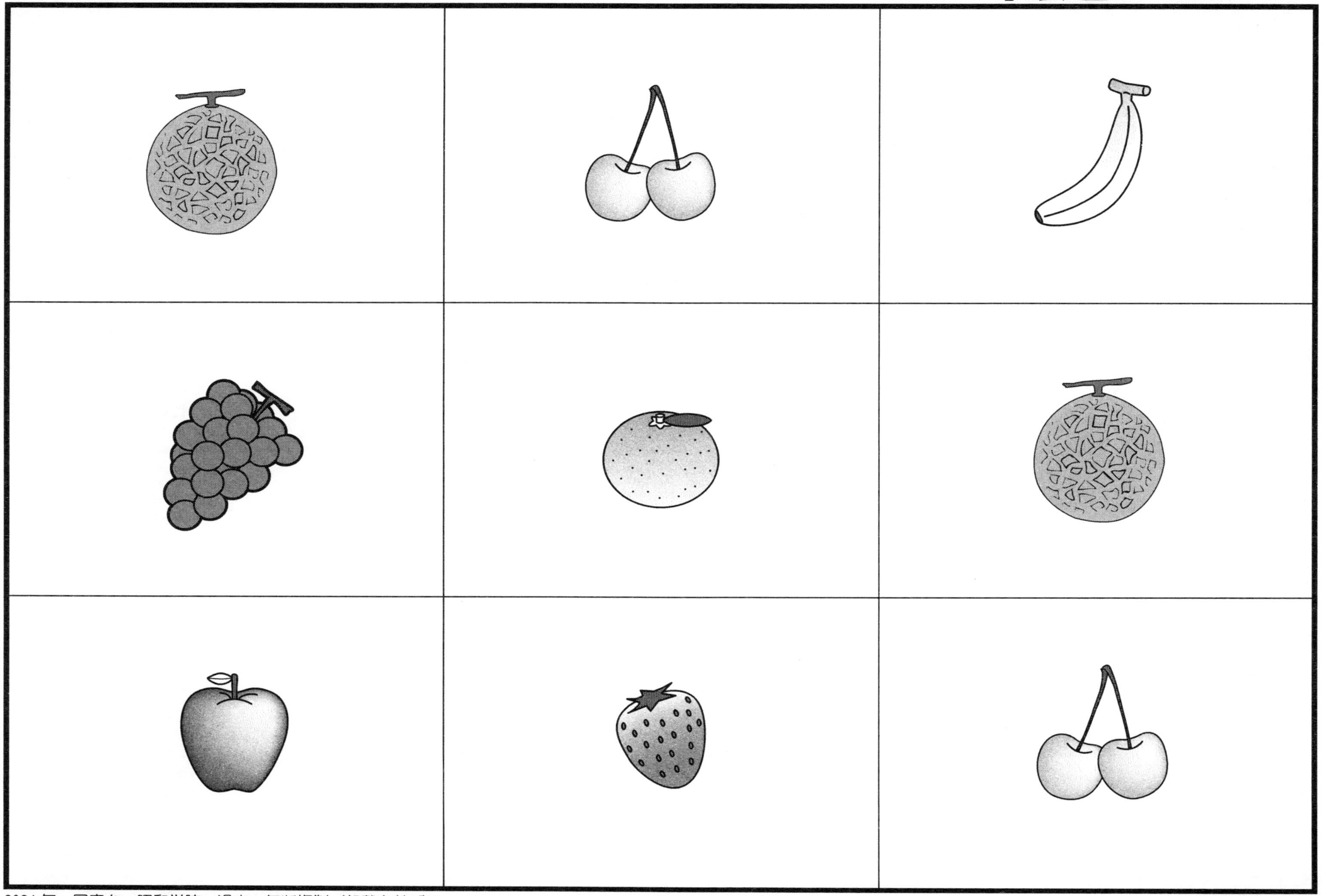

☆国府台女子学院小学部

日本学習図書株式会社

①

②

2024年　国府台・昭和学院　過去　無断複製／転載を禁ずる　日本学習図書株式会社

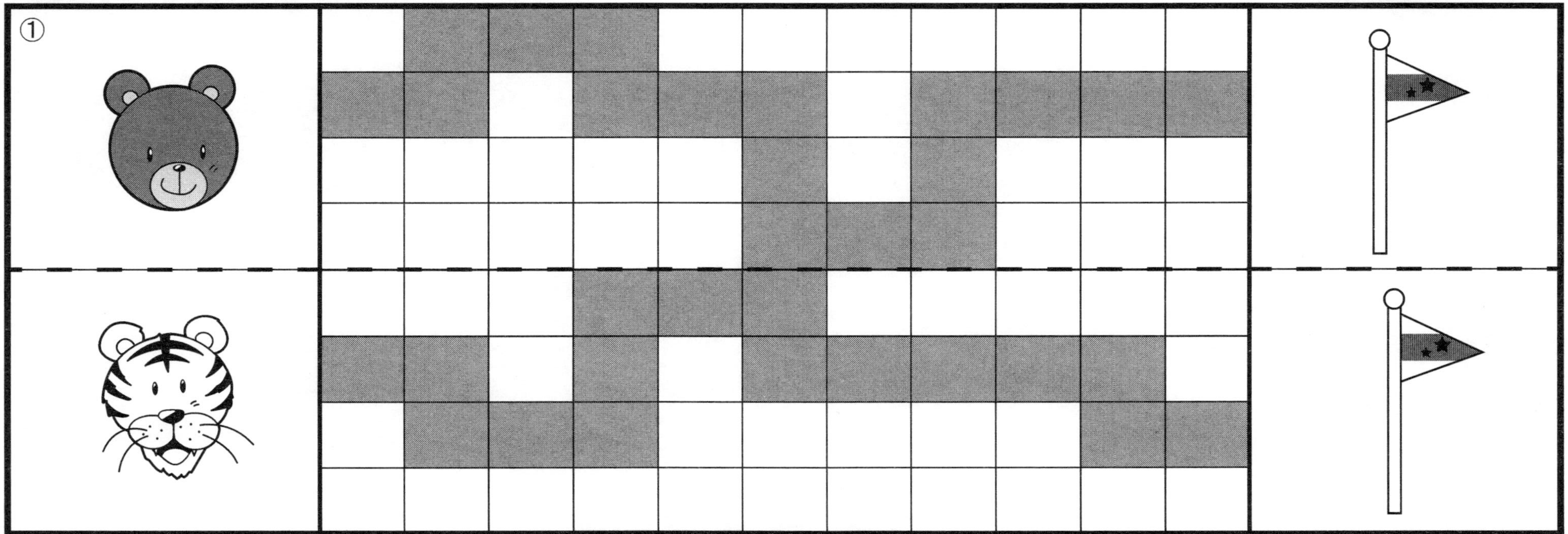

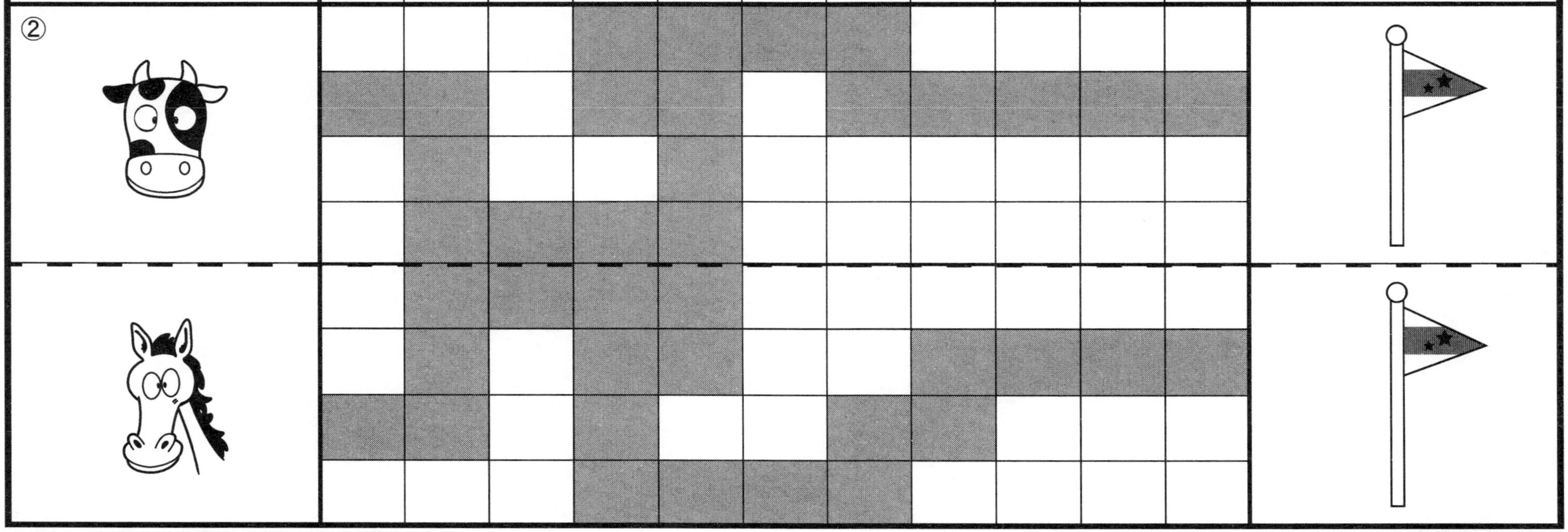

☆国府台女子学院小学部

問題18

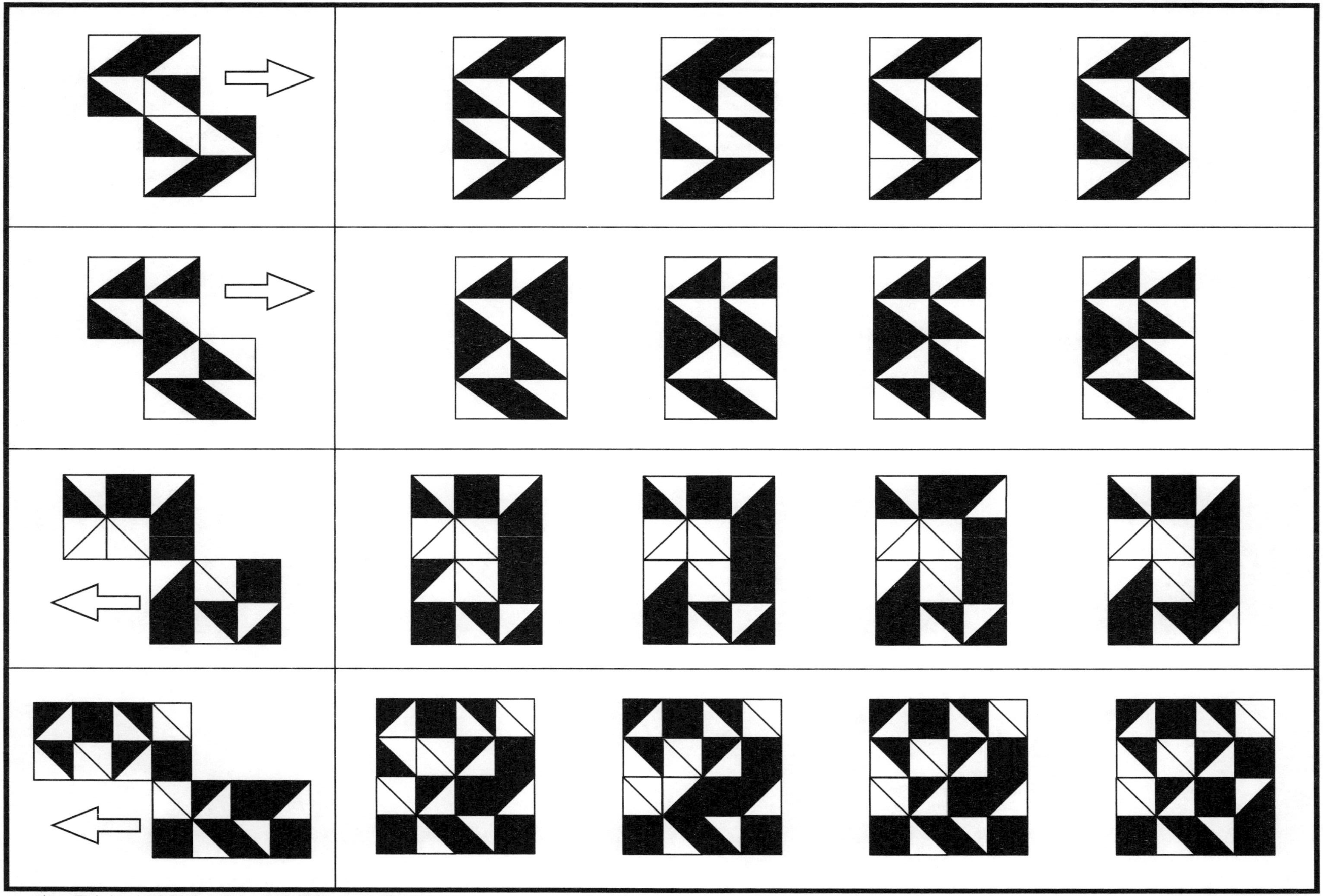

2024年 国府台・昭和学院 過去 無断複製／転載を禁ずる

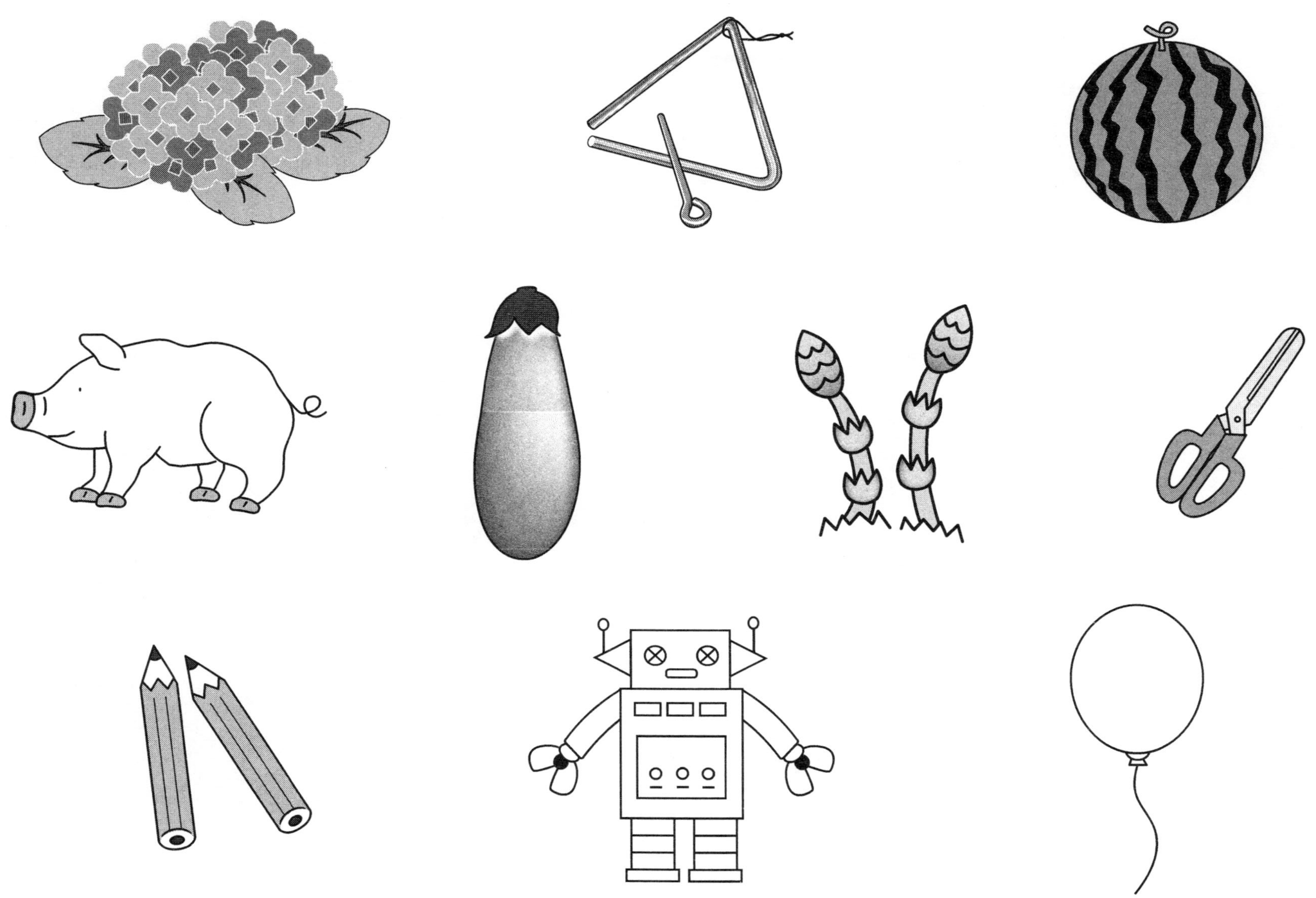

2024年　国府台・昭和学院　過去　無断複製／転載を禁ずる　日本学習図書株式会社

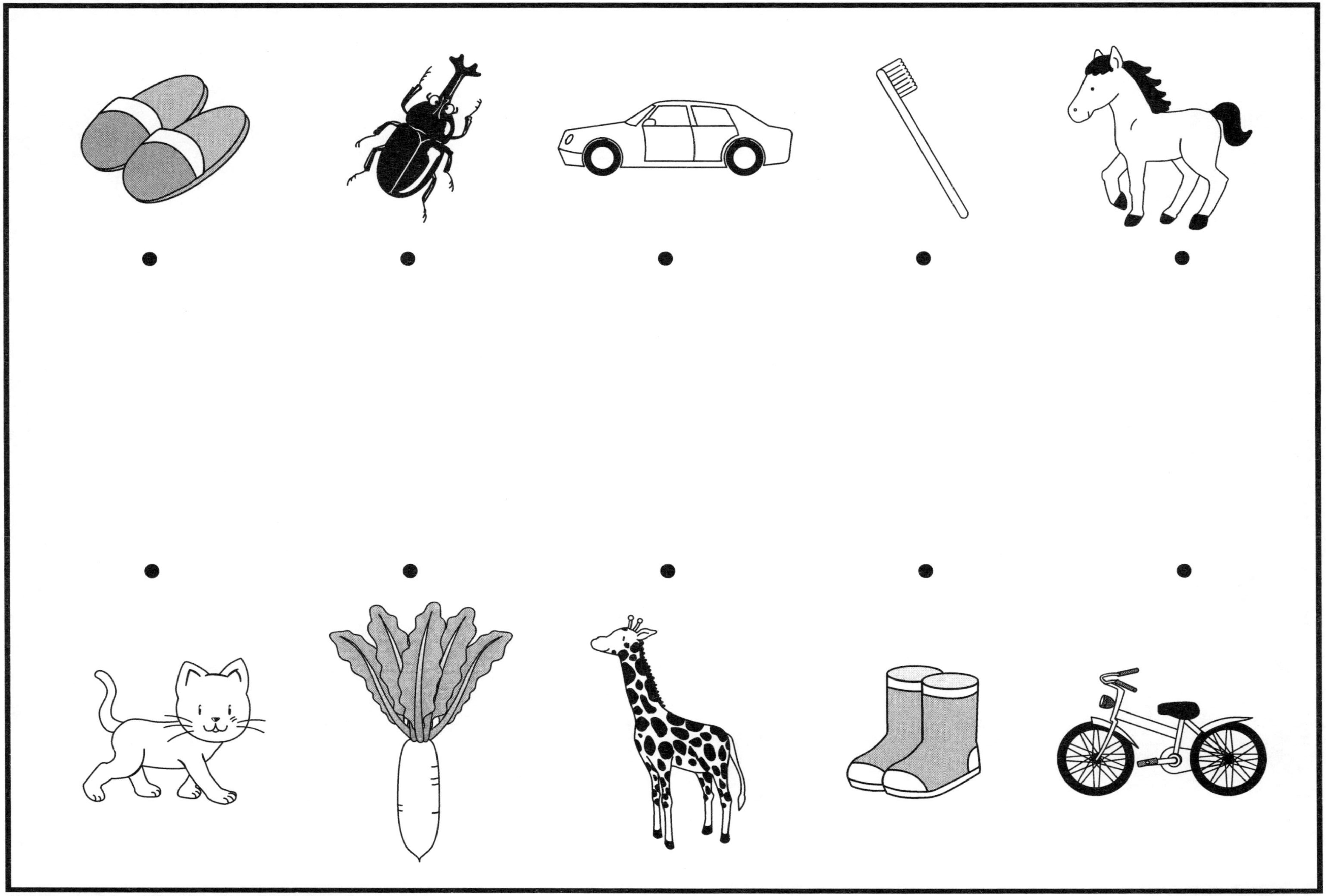

☆昭和学院小学校

2024 年度　国府台・昭和学院　過去　無断複製／転載を禁ずる　　　　日本学習図書株式会社

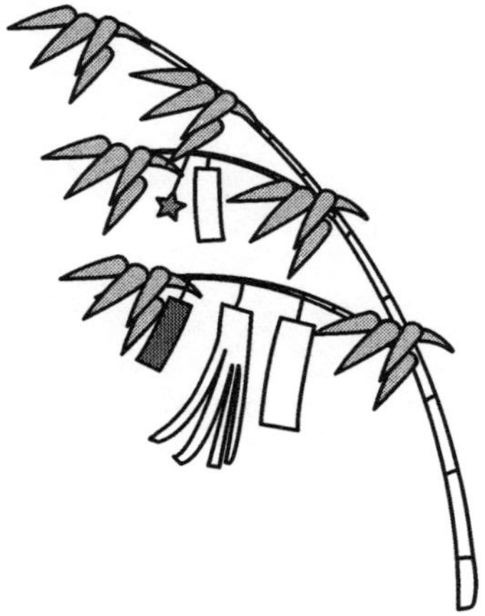

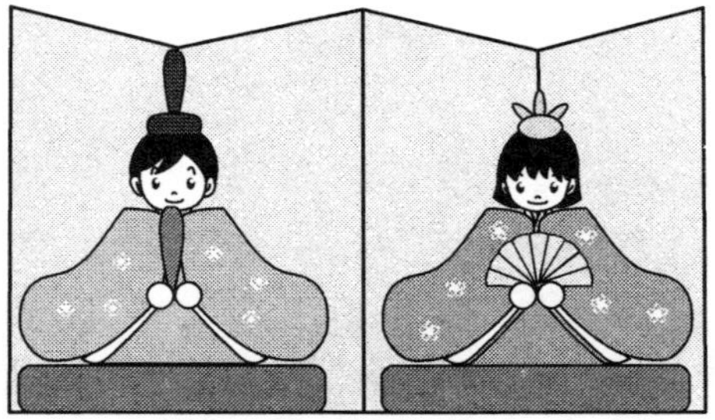

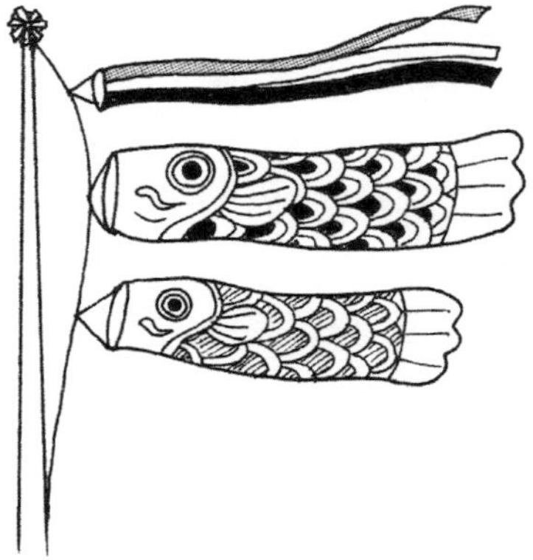

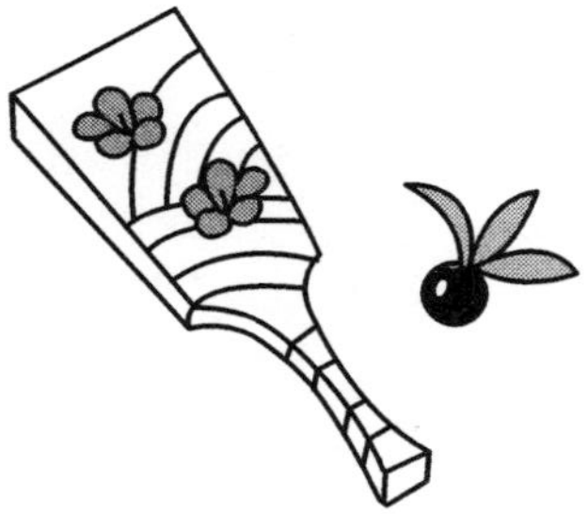

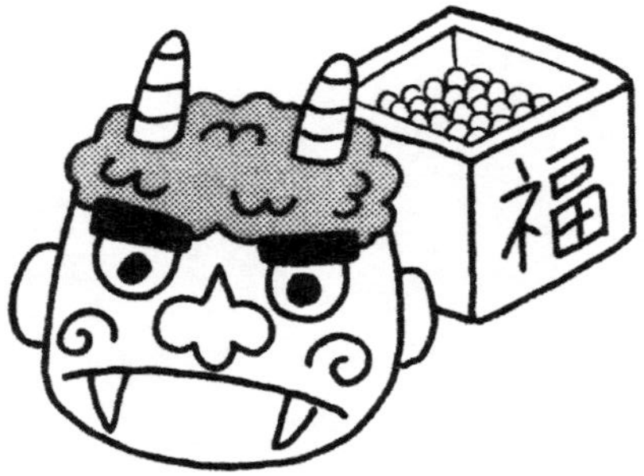

問題２２

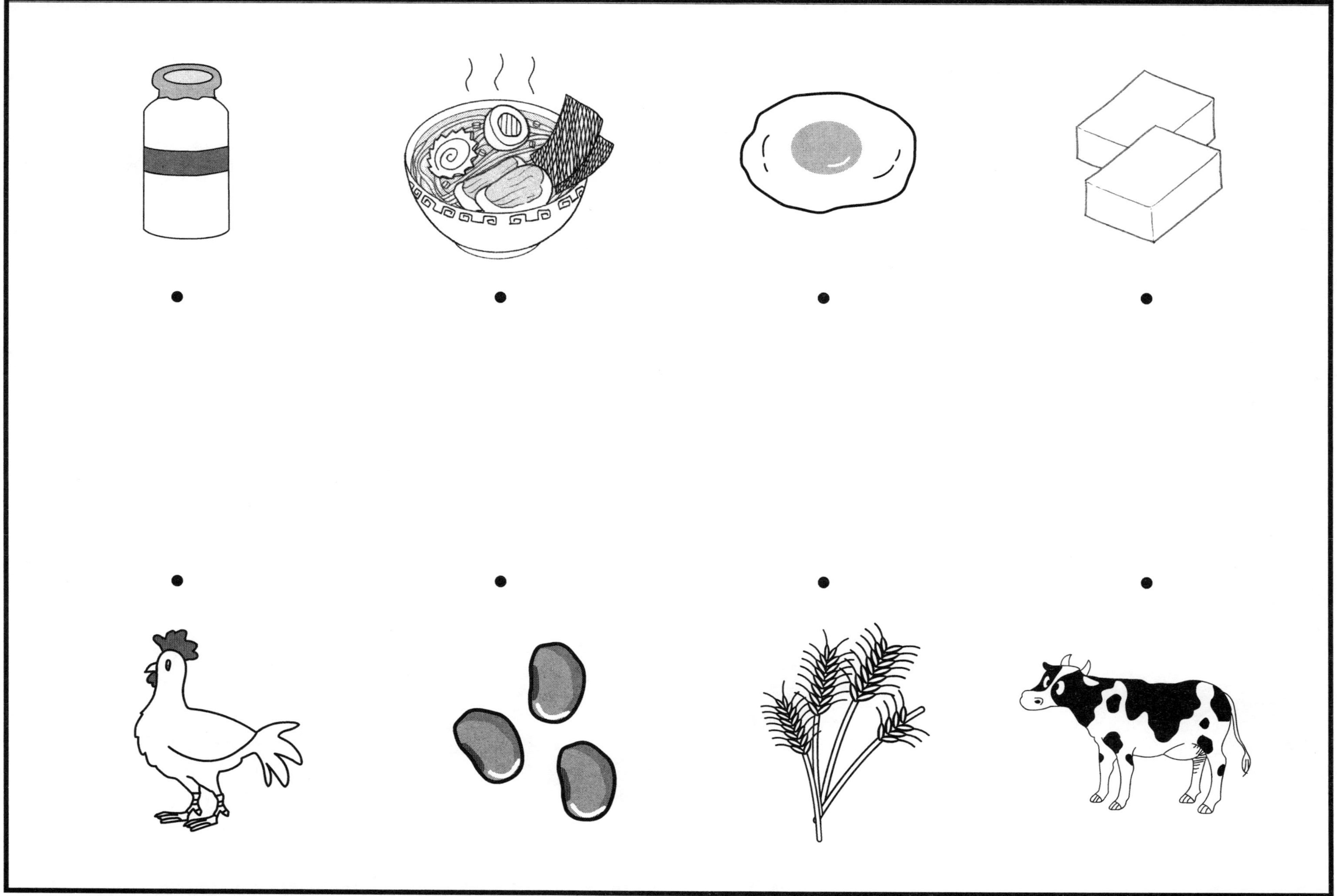

　

☆昭和学院小学校

問題２３

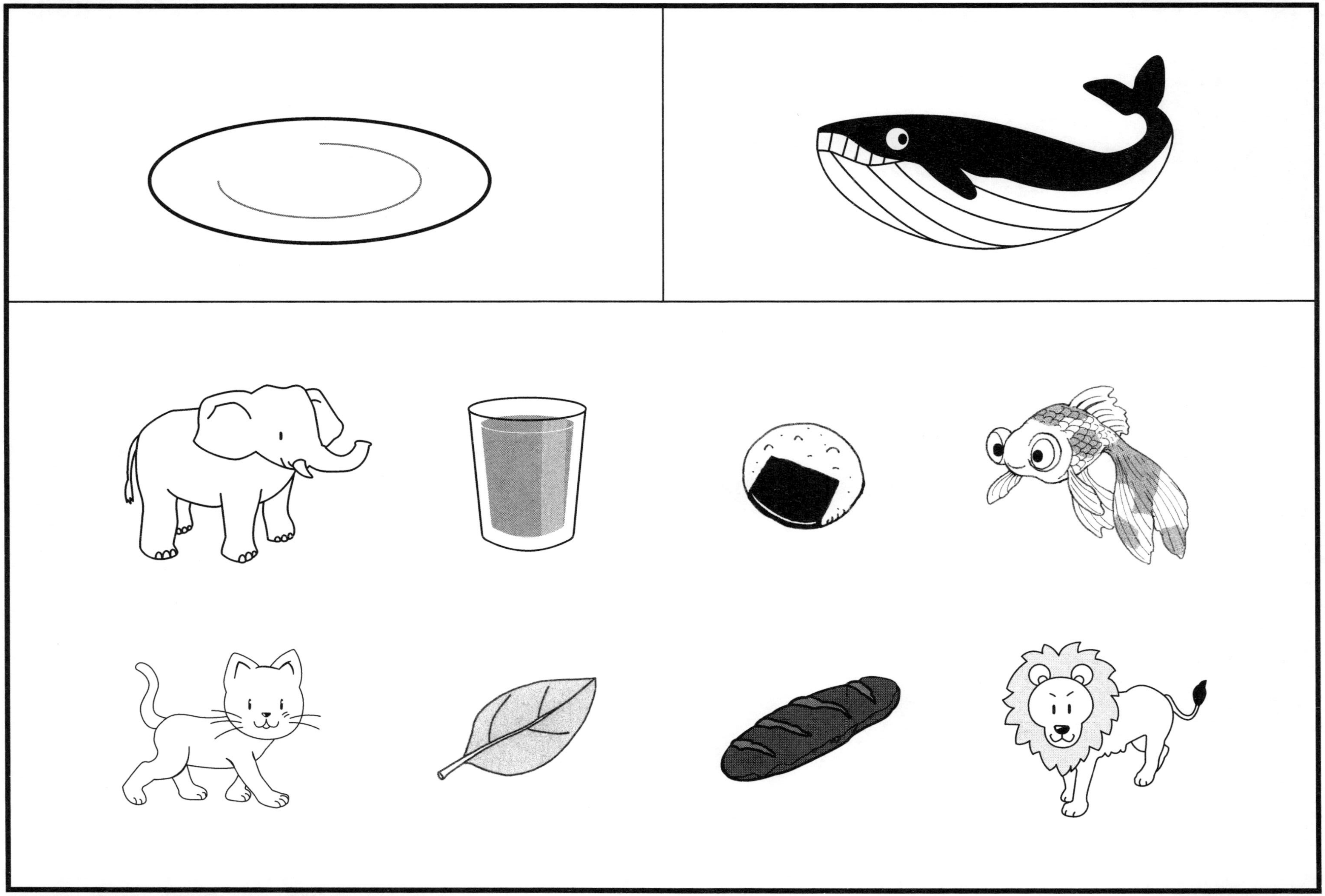

問題24－1

黄　青　→　緑

赤　→　オレンジ　黄

青　赤　→　紫

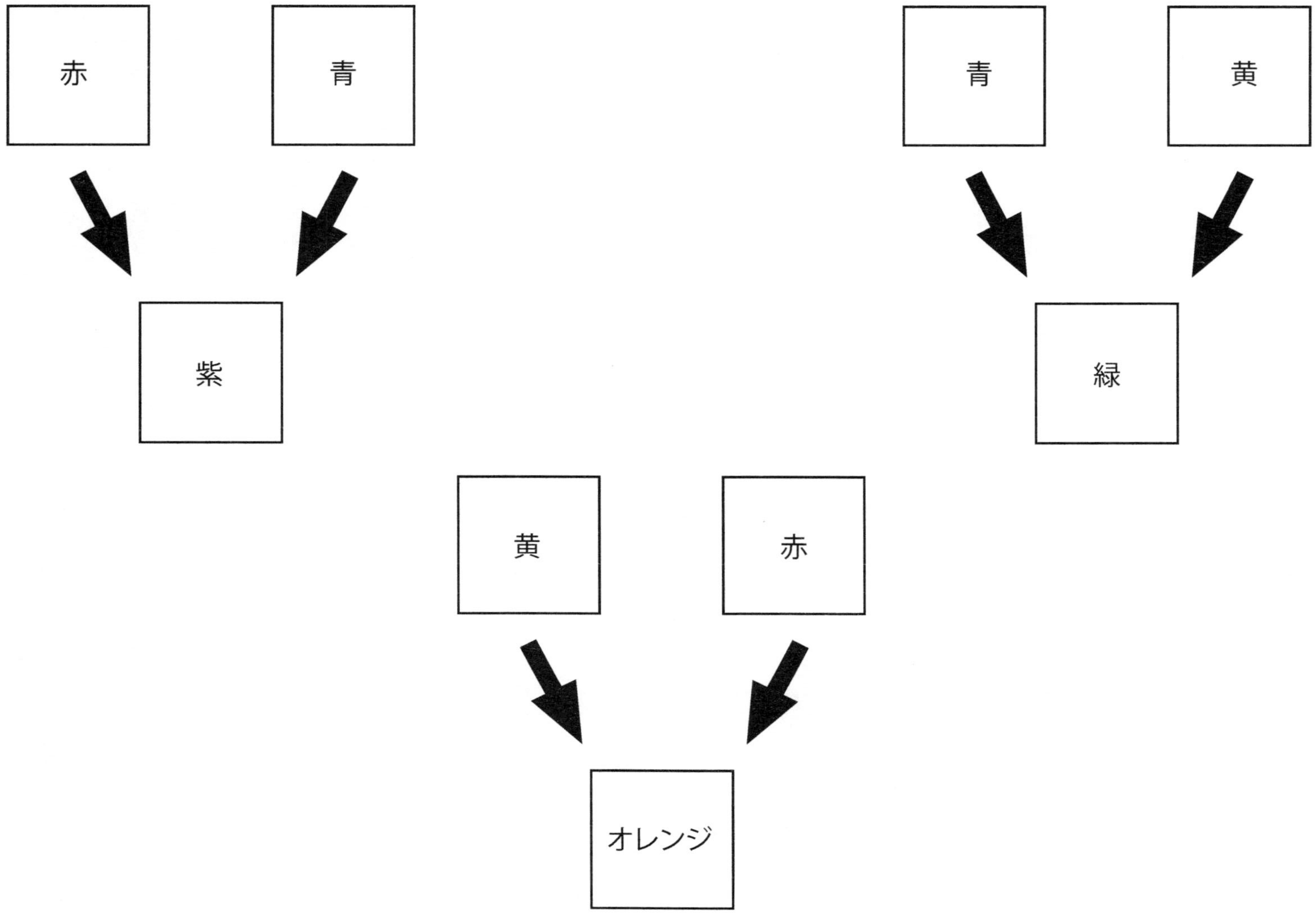

問題２４－２

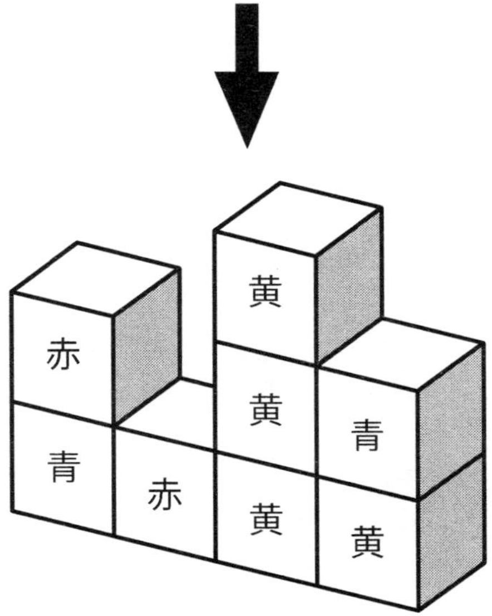

紫	赤	黄	青

赤	赤	黄	青

紫	黄	オレンジ	緑

紫	赤	黄	緑

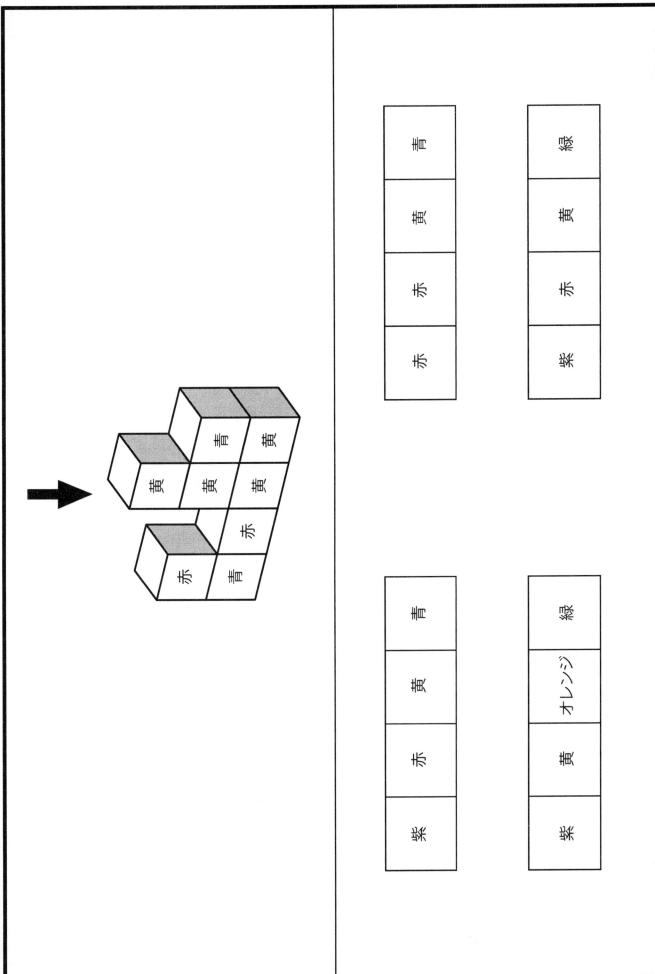

☆昭和学院小学校

問題２５

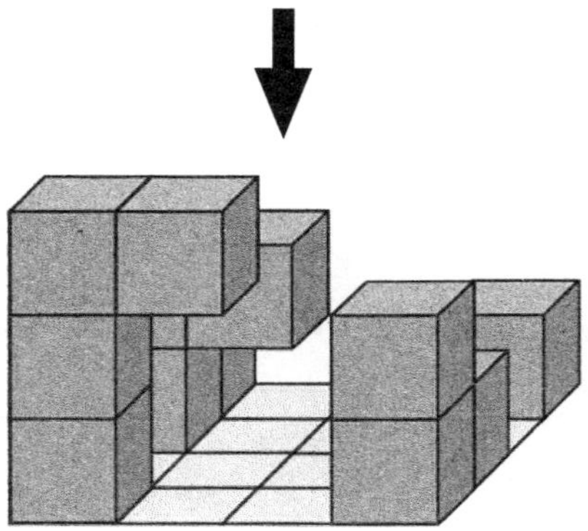

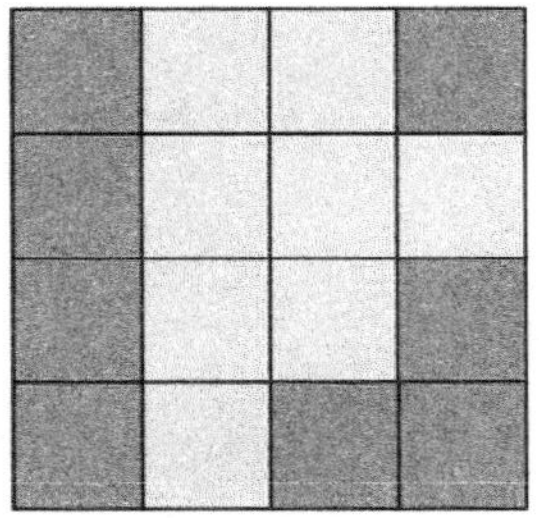

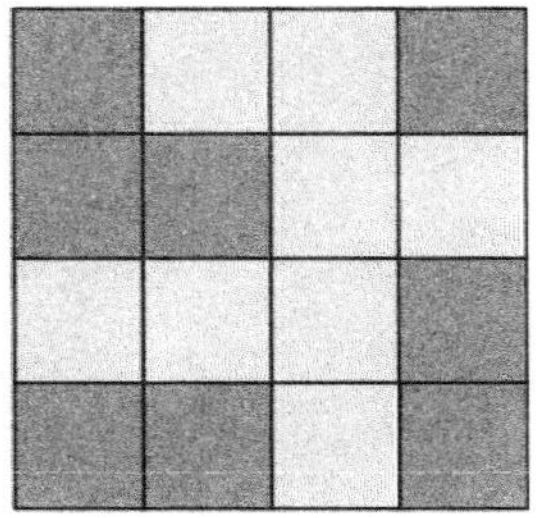

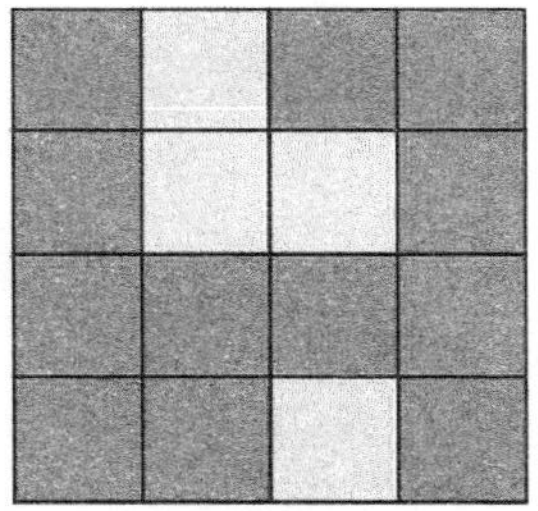

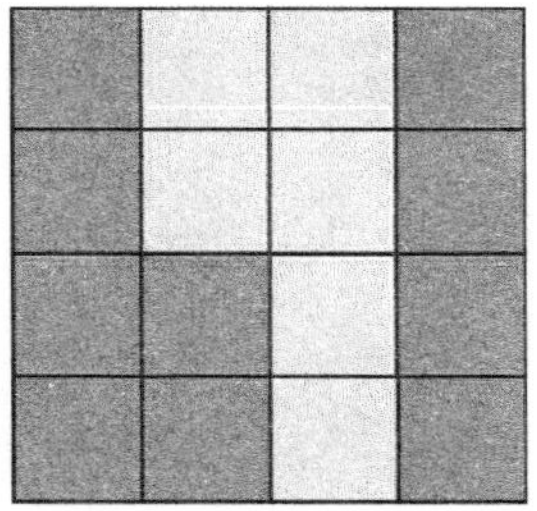

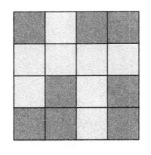

問題２６

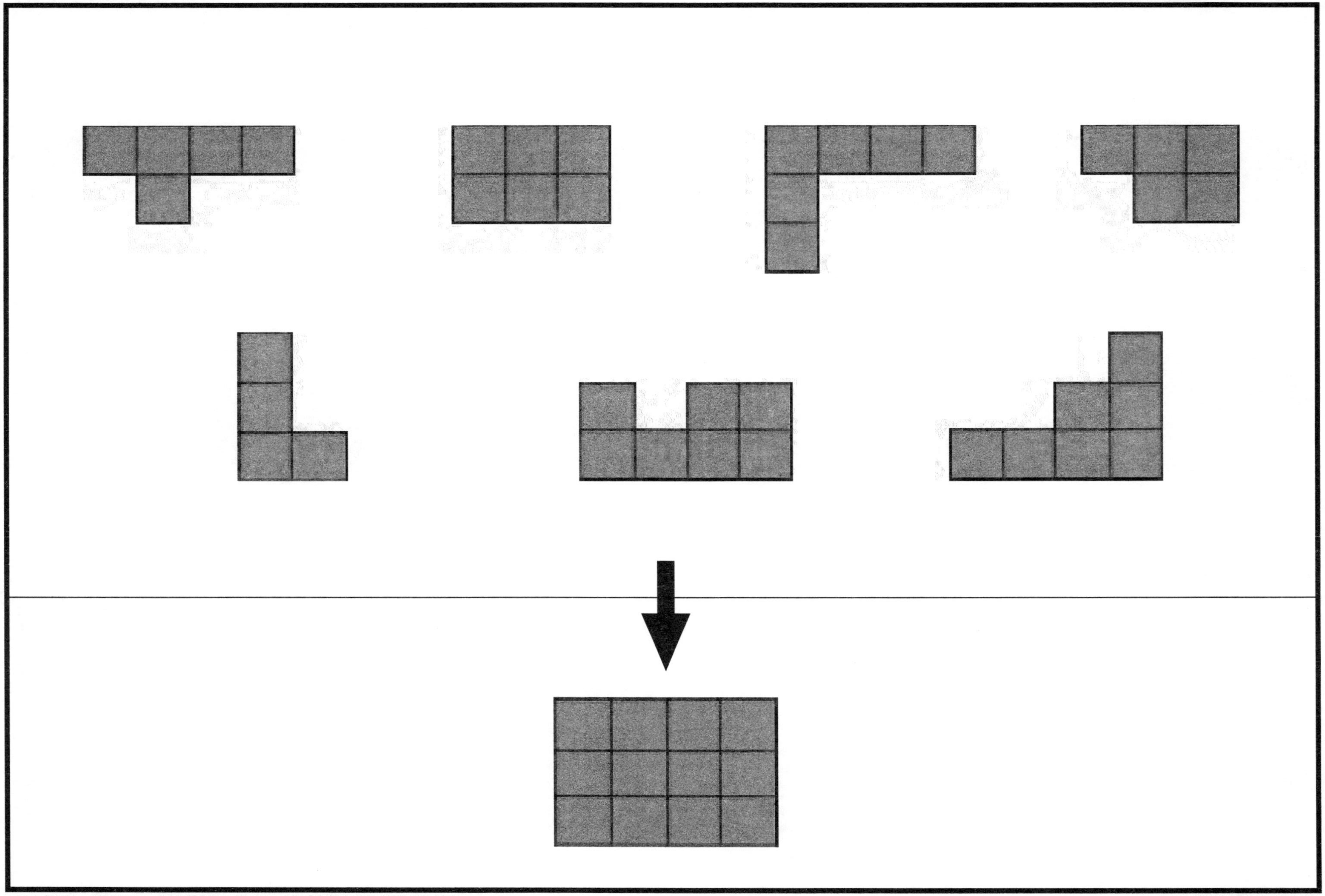

　

☆昭和学院小学校

問題２７

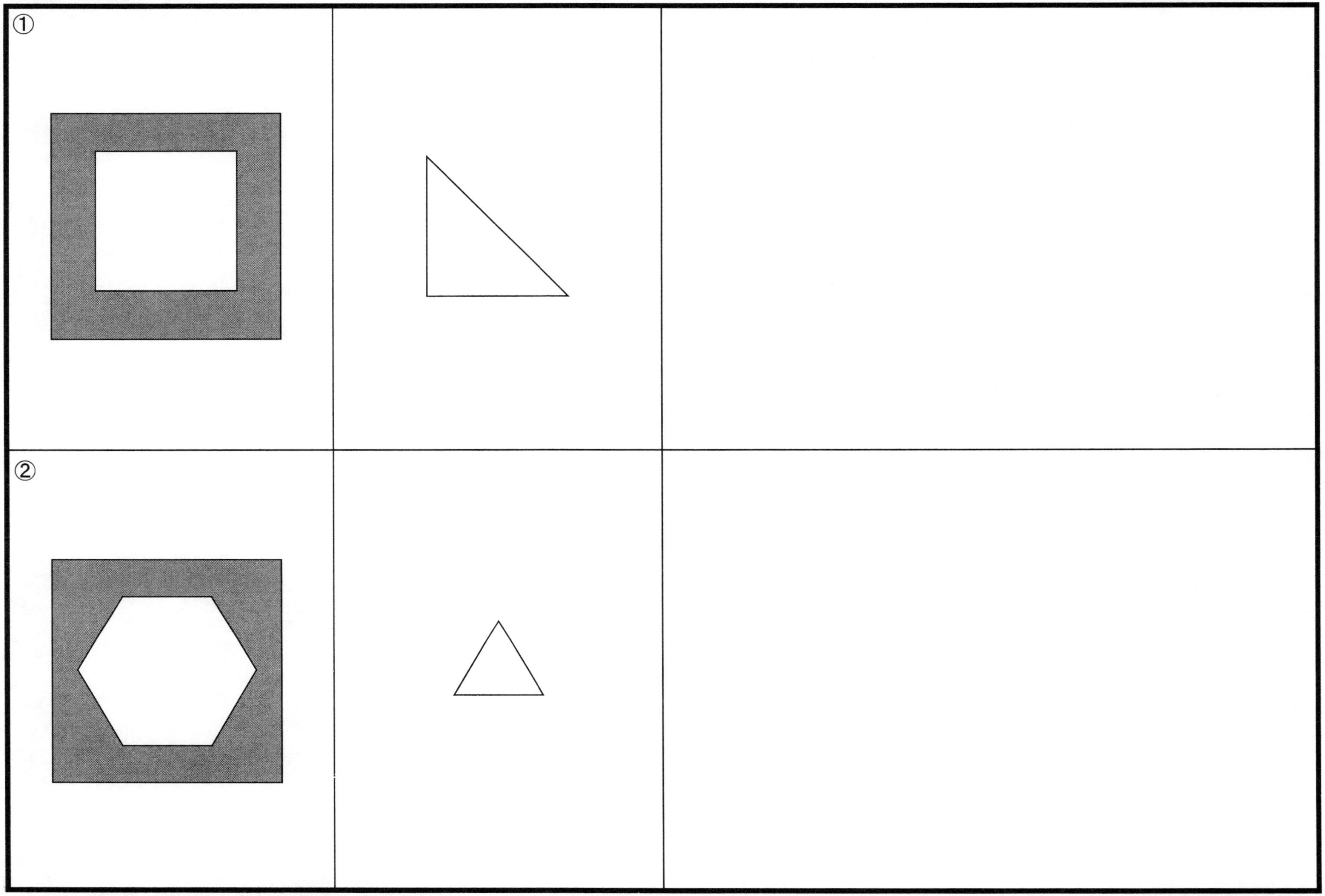

☆昭和学院小学校

問題２８

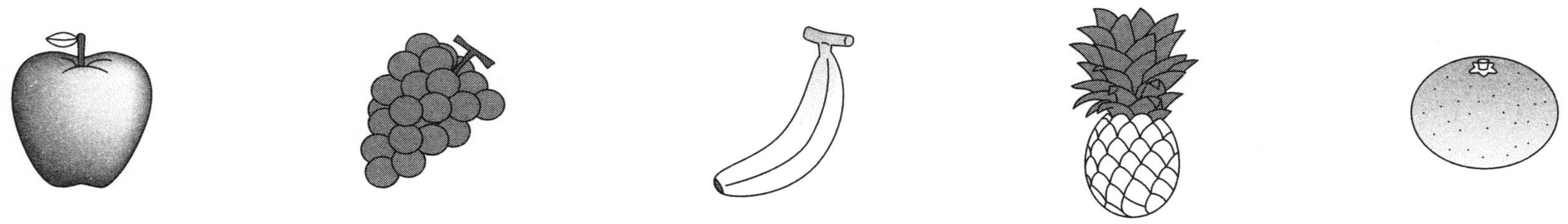

問題29

①

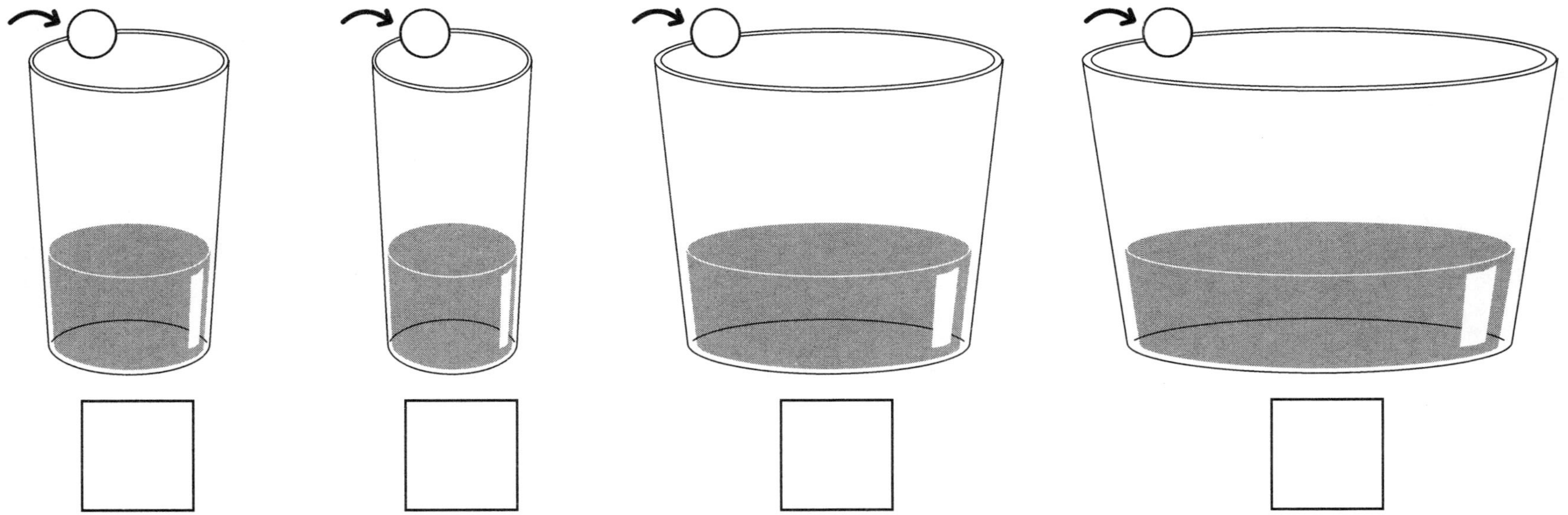

②

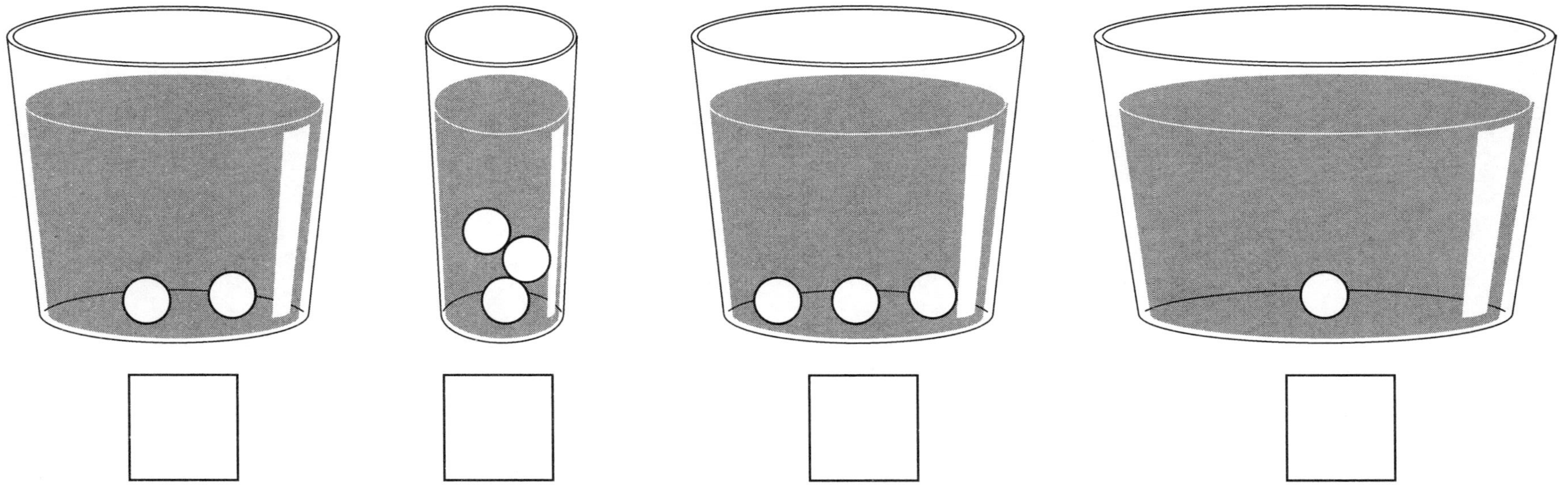

☆昭和学院小学校

2024年度　国府台・昭和学院　過去　無断複製／転載を禁ずる　　　　　　日本学習図書株式会社

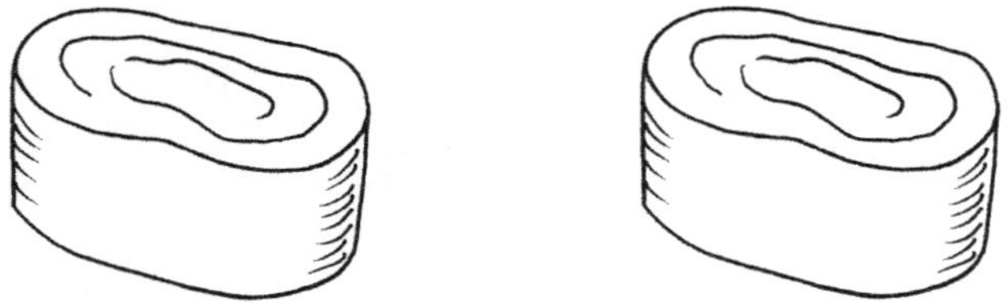

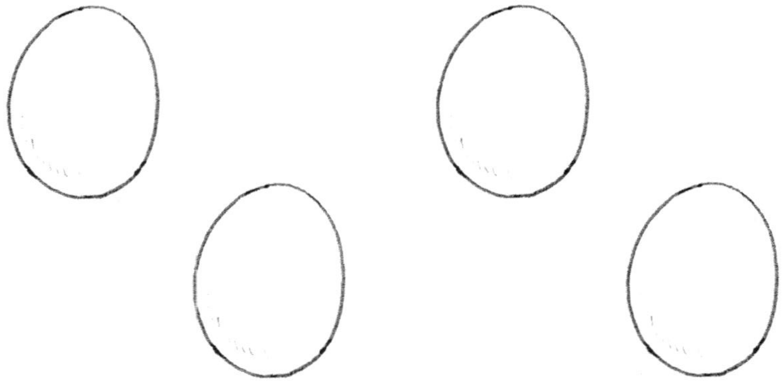

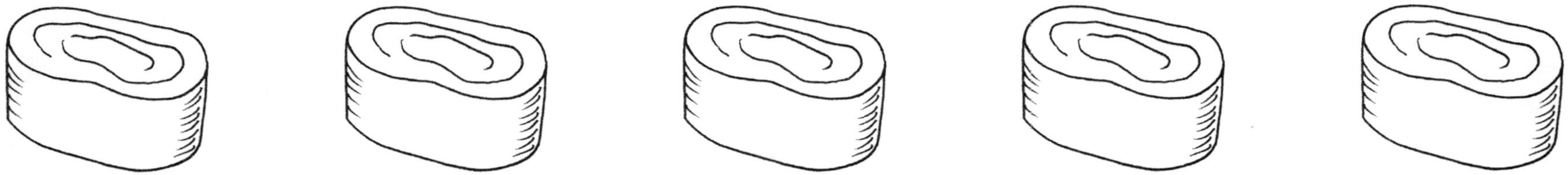

問題 3 1

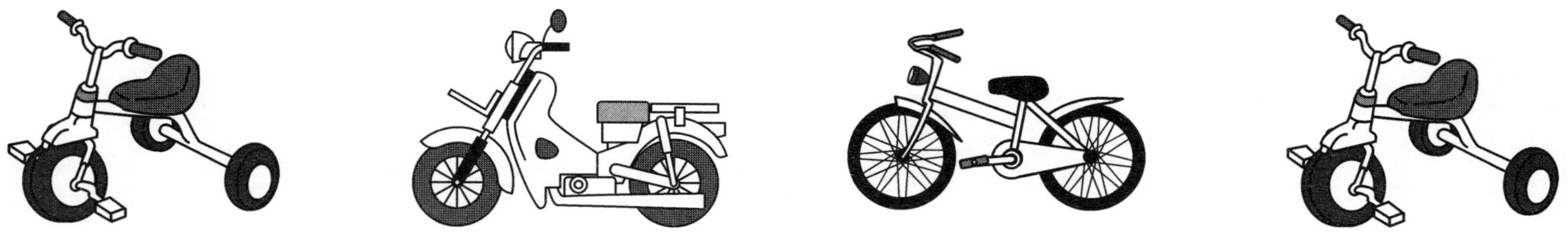

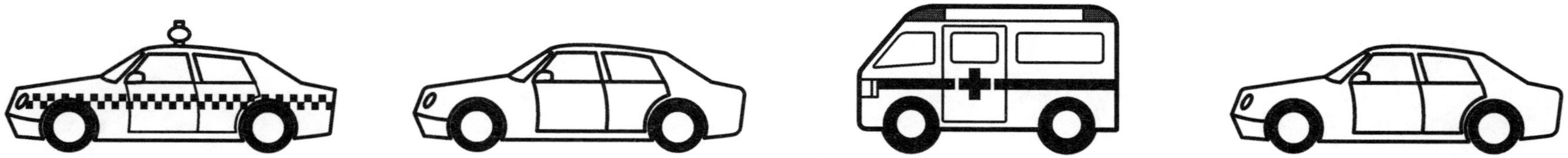

☆昭和学院小学校

2024 年度　国府台・昭和学院　過去　無断複製／転載を禁ずる　　　　　　　　日本学習図書株式会社

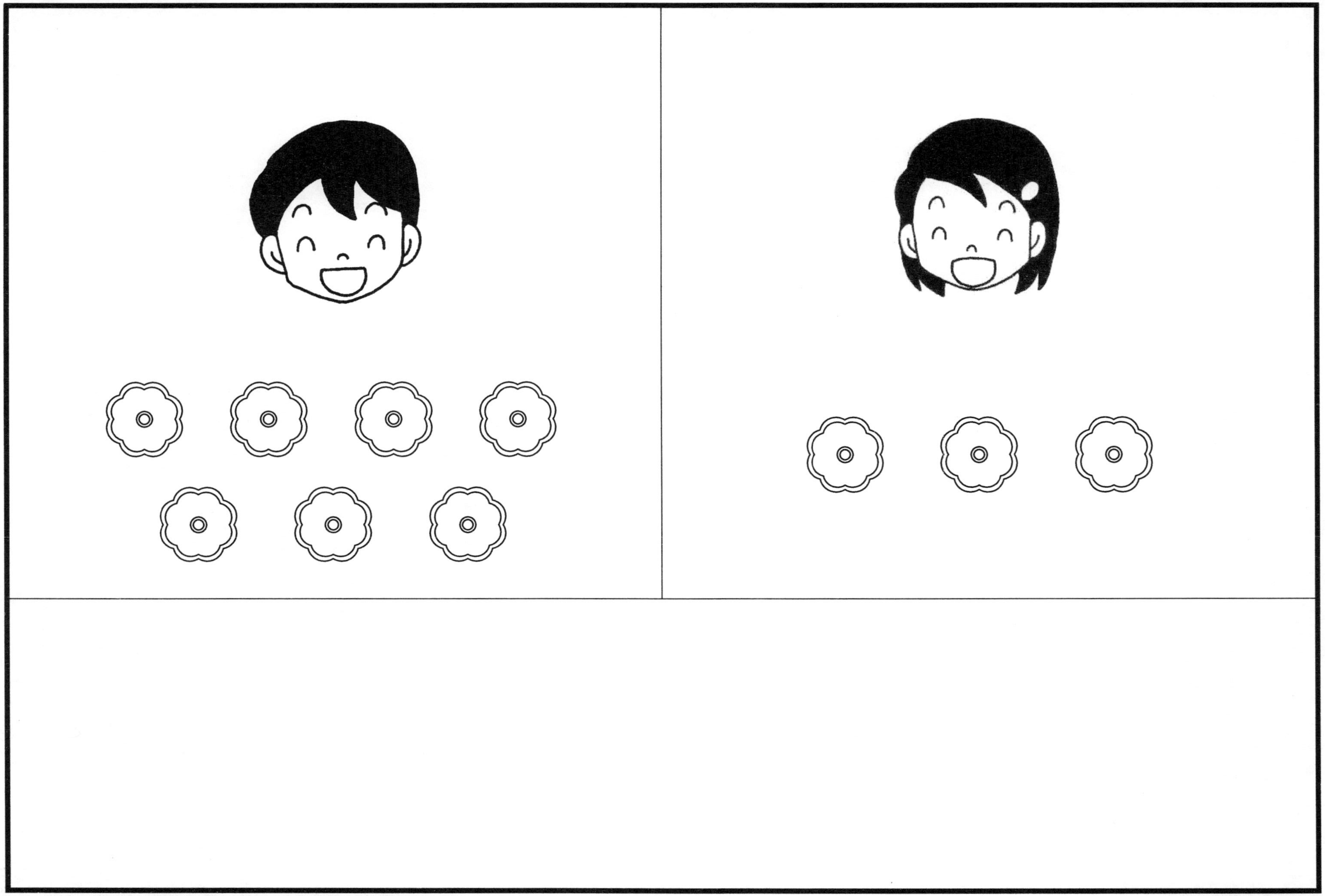

☆昭和学院小学校

2024年度　国府台・昭和学院　過去　無断複製/転載を禁ずる　日本学習図書株式会社

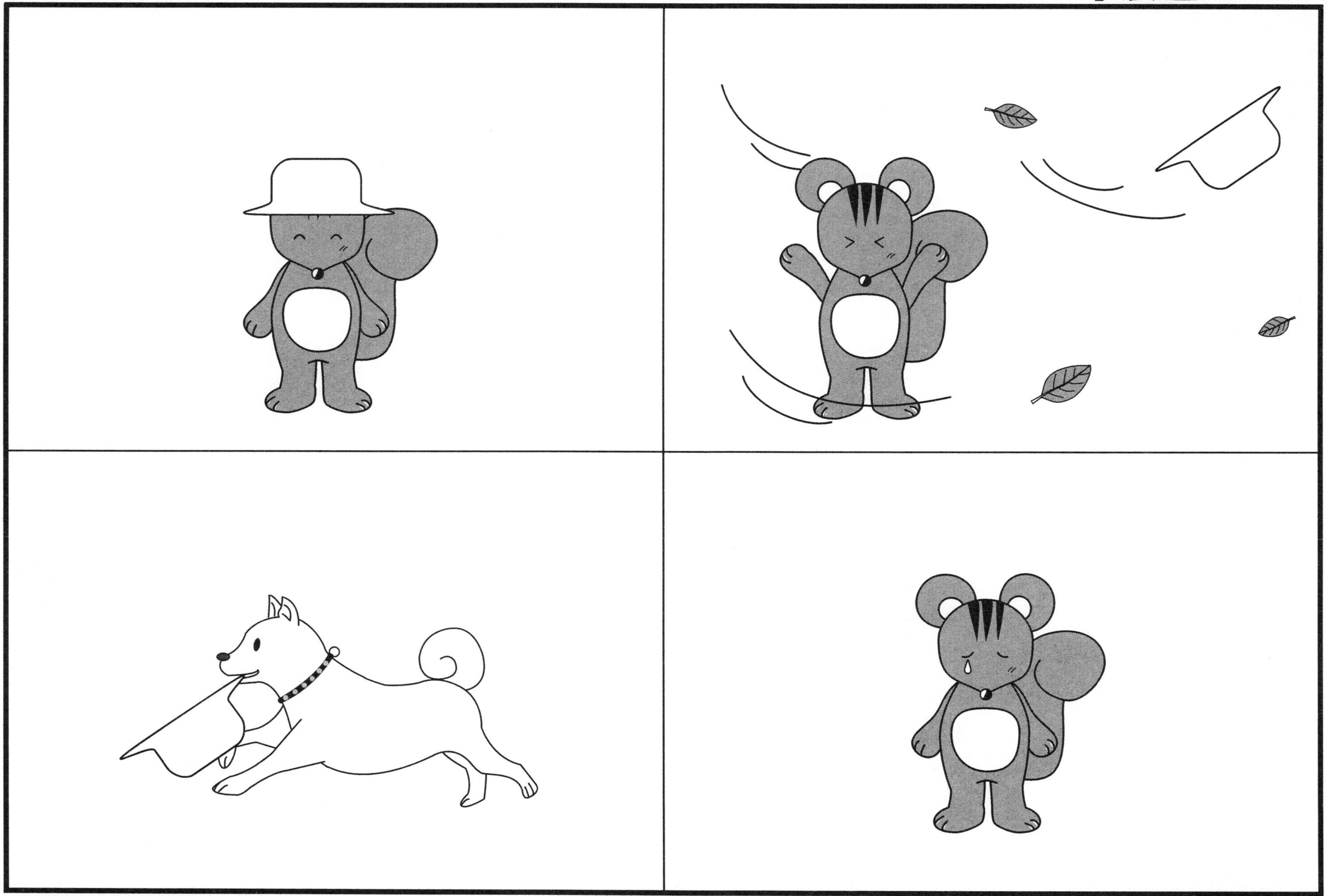

問題３６－１

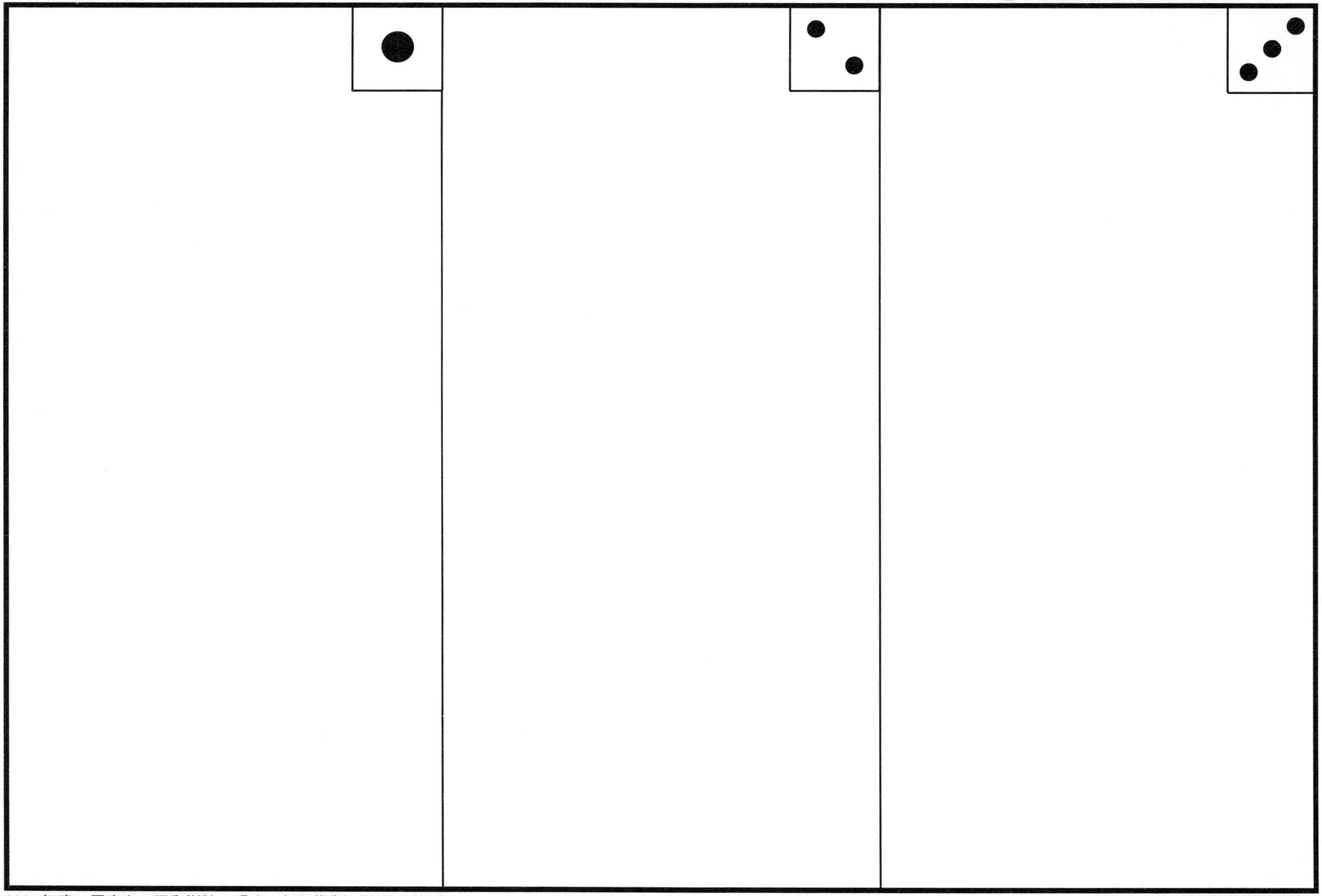

日本学習図書株式会社

☆昭和学院小学校

問題３６－２

問題３７－１

★お手本

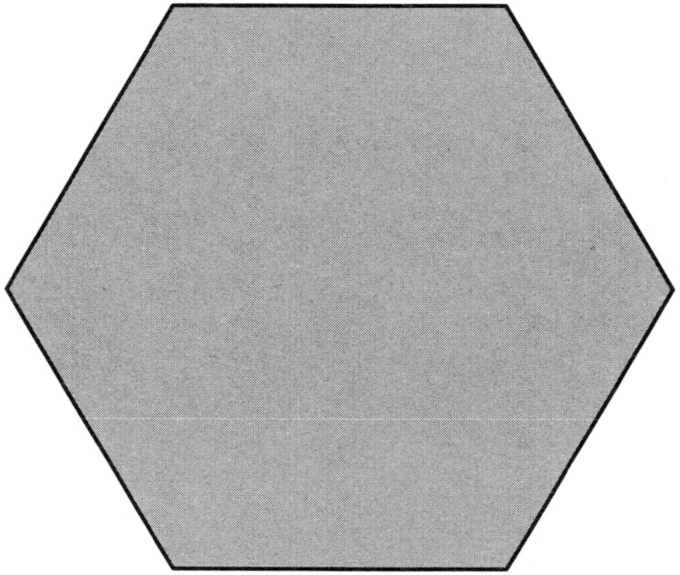

   日本学習図書株式会社

☆昭和学院小学校

2024 年度　国府台・昭和学院　過去　無断複製／転載を禁ずる　　　　日本学習図書株式会社

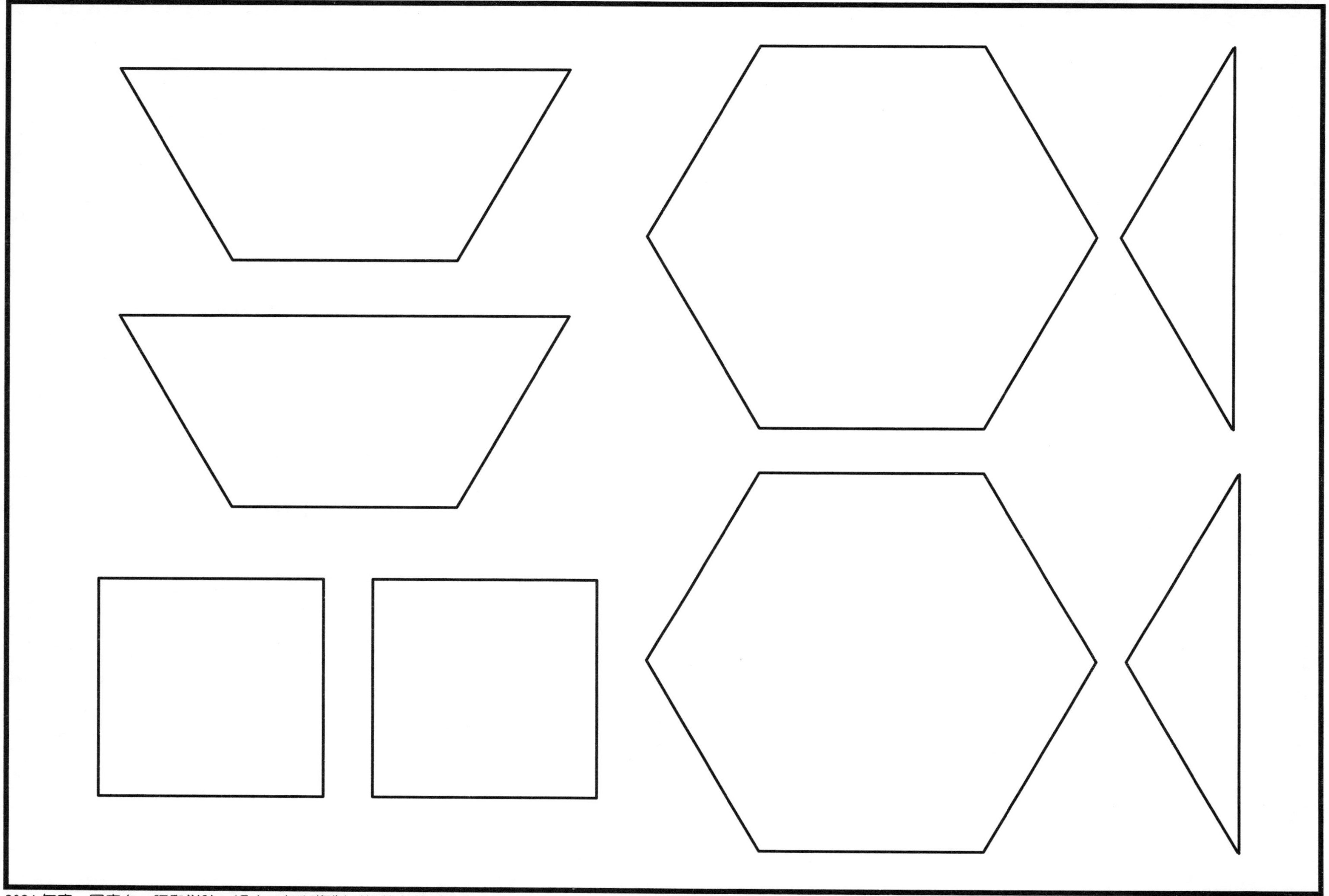

問題３７－３

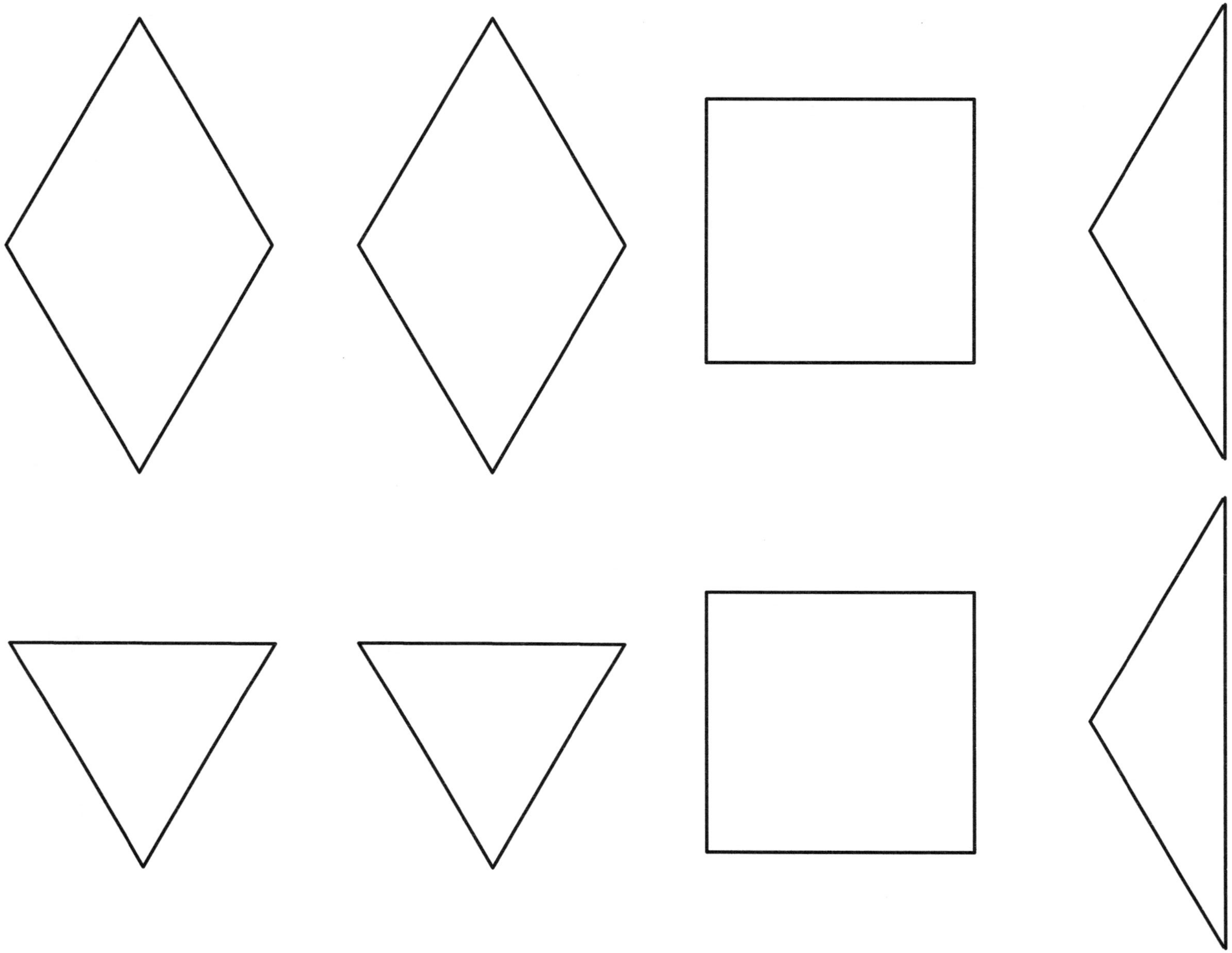

☆昭和学院小学校

2024年度　国府台・昭和学院　過去　無断複製／転載を禁ずる　日本学習図書株式会社

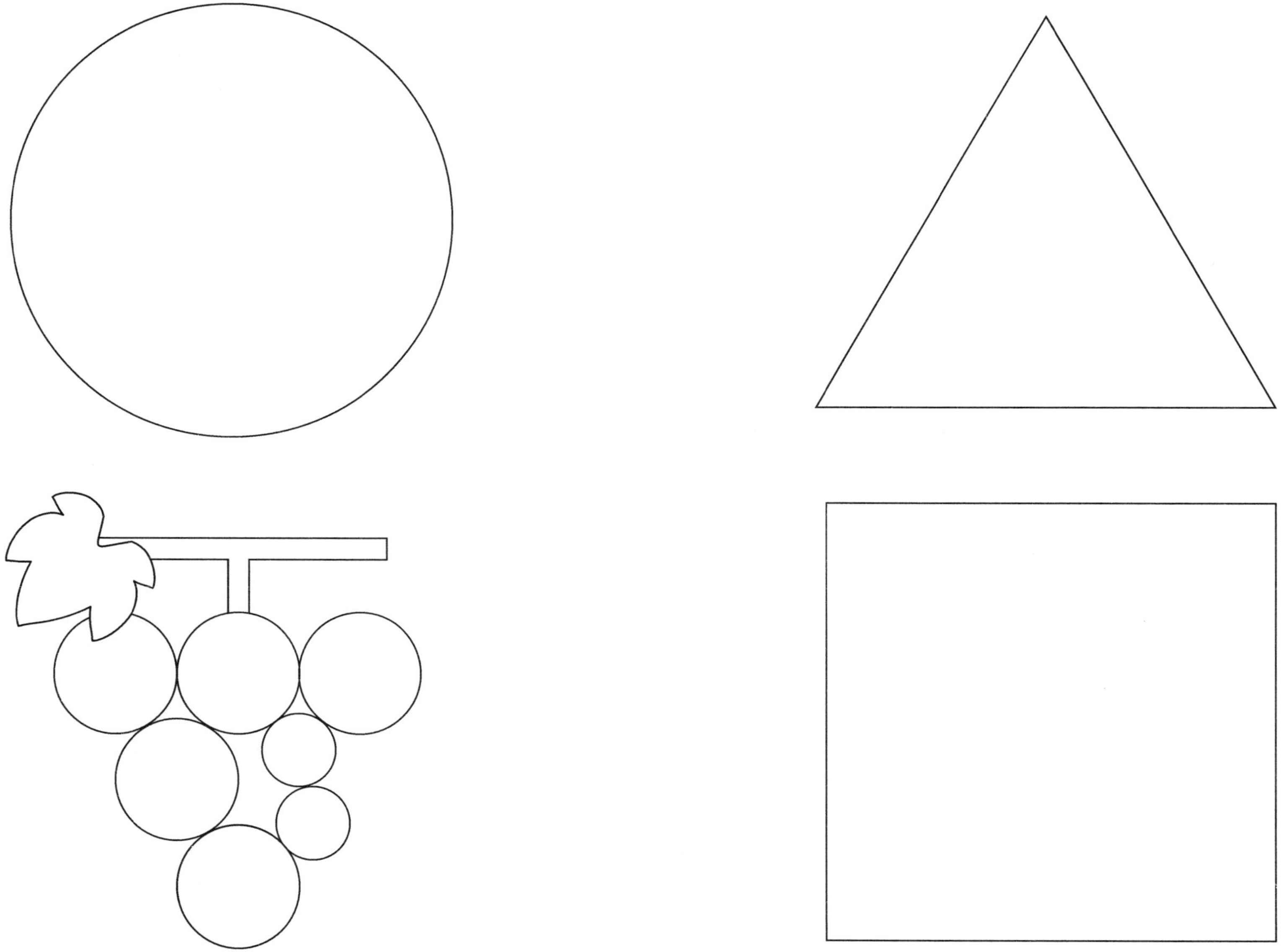

問題３８－２

★葉っぱの作り方

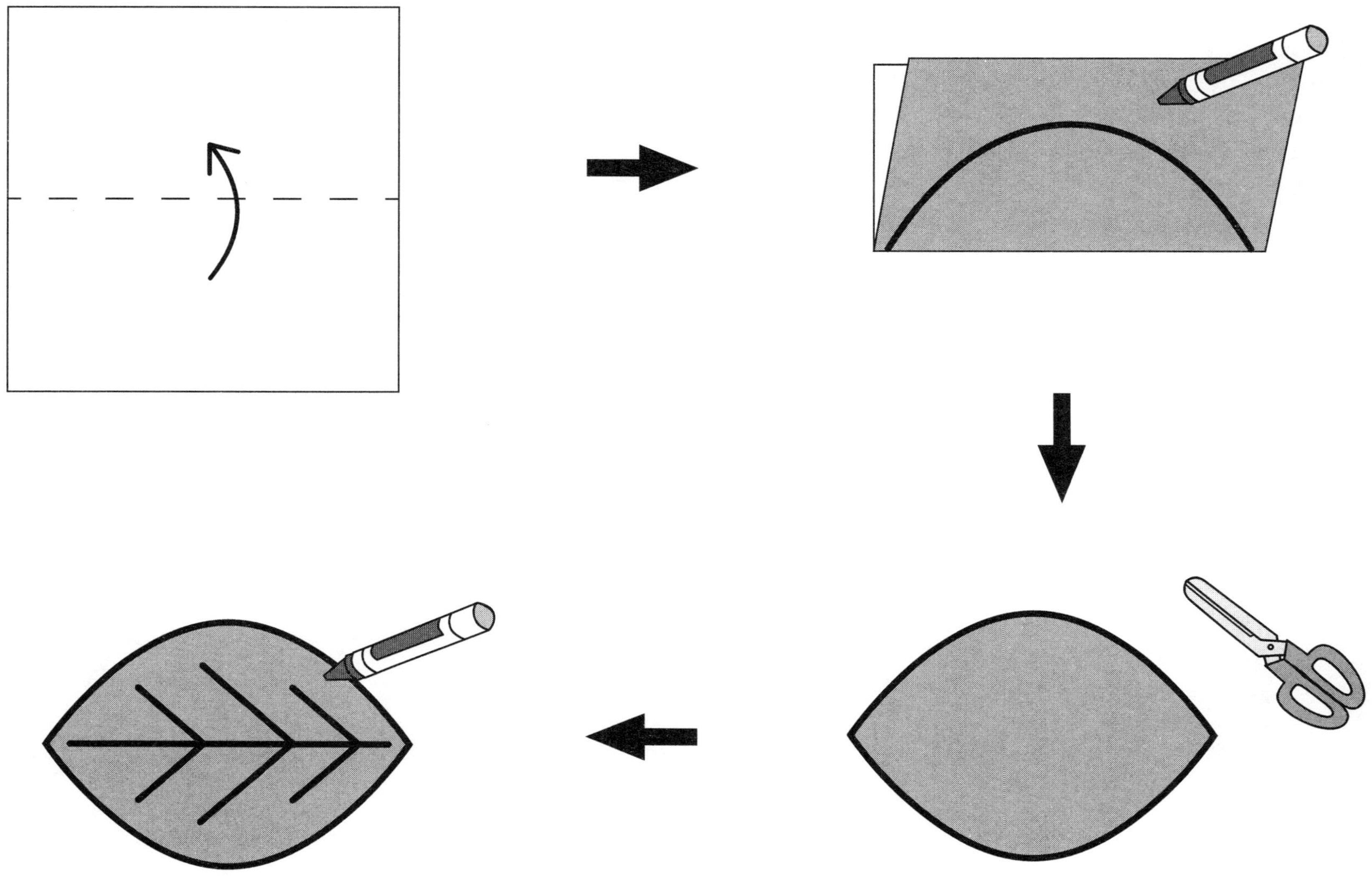

問題38－3

★リンゴの作り方

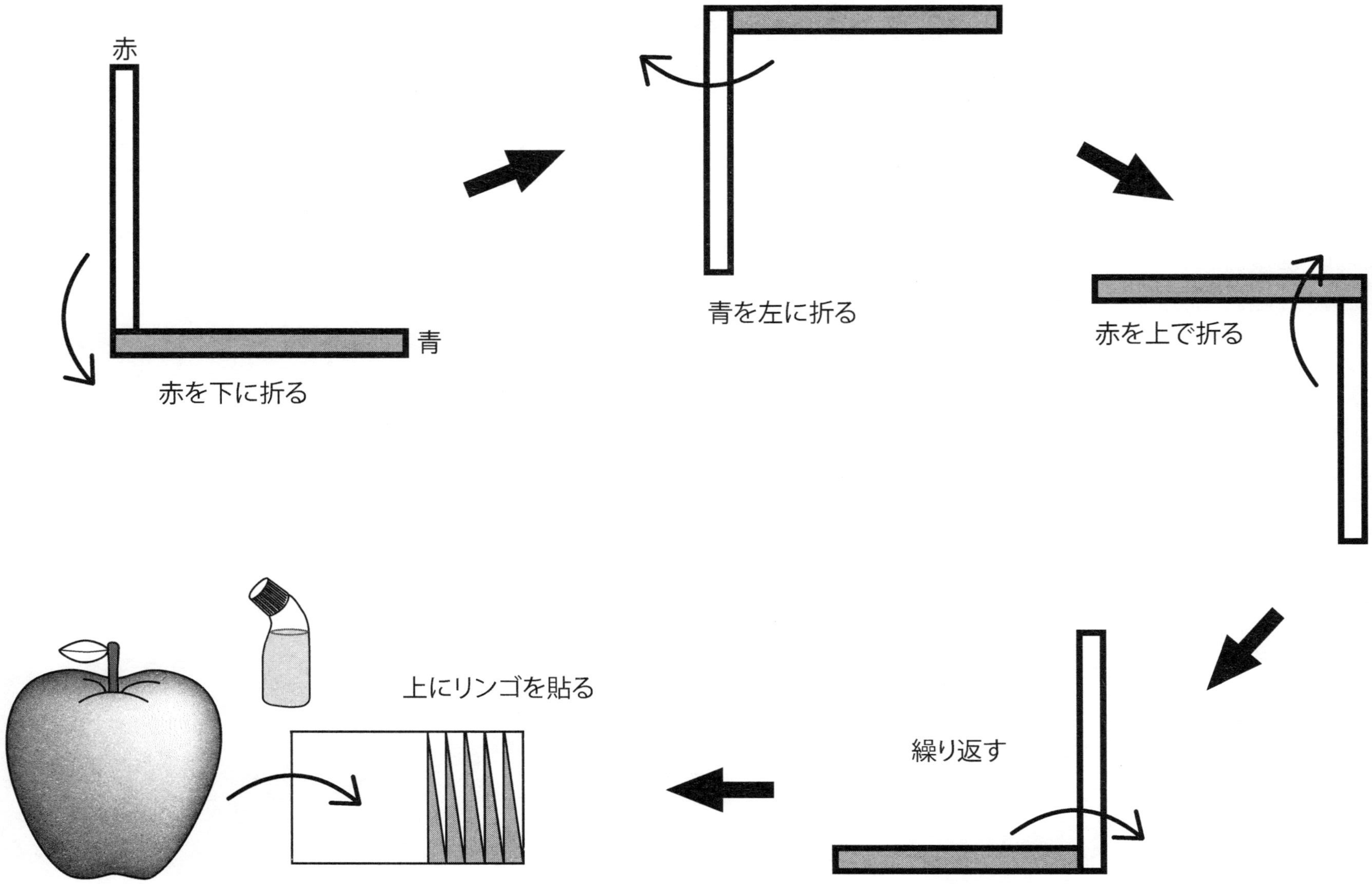
赤
青
赤を下に折る
青を左に折る
赤を上で折る
繰り返す
上にリンゴを貼る

国府台女子学院小学部　専用注文書

年　　月　　日

合格のための問題集ベスト・セレクション

＊入試頻出分野ベスト３

1st　記　憶
集中力　聞く力　観察力

2nd　数　量
観察力　集中力　考える力

3rd　図　形
考える力　観察力

記憶、数量、図形、言語、常識という幅広い分野からの出題です。なかでも記憶分野からは、お話の記憶と見る記憶が出題されています。付け焼き刃では対応できないので、早めの対策を心がけましょう。

分野	書　名	価格(税込)	注文	分野	書　名	価格(税込)	注文
図形	Ｊｒ・ウォッチャー 3「パズル」	1,650 円	冊	数量	Ｊｒ・ウォッチャー 38「たし算・ひき算 1」	1,650 円	冊
図形	Ｊｒ・ウォッチャー 4「同図形探し」	1,650 円	冊	数量	Ｊｒ・ウォッチャー 39「たし算・ひき算 2」	1,650 円	冊
数量	Ｊｒ・ウオッチャー 14「数える」	1,650 円	冊	数量	Ｊｒ・ウォッチャー 40「数を分ける」	1,650 円	冊
数量	Ｊｒ・ウォッチャー 15「比較」	1,650 円	冊	言語	Ｊｒ・ウォッチャー 49「しりとり」	1,650 円	冊
言語	Ｊｒ・ウォッチャー 17「言葉の音遊び」	1,650 円	冊	言語	Ｊｒ・ウォッチャー 60「言葉の音（おん）」	1,650 円	冊
言語	Ｊｒ・ウォッチャー 18「いろいろな言葉」	1,650 円	冊		1話5分の読み聞かせお話集①・②	1,980 円	各　冊
記憶	Ｊｒ・ウォッチャー 19「お話の記憶」	1,650 円	冊		お話の記憶問題集 初級編	2,860 円	冊
記憶	Ｊｒ・ウォッチャー 20「見る記憶・聴く記憶」	1,650 円	冊		お話の記憶問題集 中級編	2,200 円	冊
観察	Ｊｒ・ウォッチャー 29「行動観察」	1,650 円	冊		新口頭試問・個別テスト問題集	2,750 円	冊
観察	Ｊｒ・ウォッチャー 30「生活習慣」	1,650 円	冊		家庭で行う 面接テスト問題集	2,200 円	冊
推理	Ｊｒ・ウォッチャー 31「推理思考」	1,650 円	冊		新小学校受験の入試面接Q＆A	2,860 円	冊
数量	Ｊｒ・ウォッチャー 37「選んで数える」	1,650 円	冊		口頭試問最強マニュアル　ペーパーレス編	2,200 円	冊

合計	冊	円

（フリガナ） 氏　名	電　話	
	ＦＡＸ	
	E-mail	
住 所　〒　　　－	以前にご注文されたことはございますか。	
	有　・　無	

★お近くの書店、または記載の電話・FAX・ホームページにてご注文をお受けしております。
電話：03-5261-8951　FAX：03-5261-8953　代金は書籍合計金額＋送料がかかります。
※なお、落丁・乱丁以外の理由による商品の返品・交換には応じかねます。
★ご記入頂いた個人に関する情報は、当社にて厳重に管理致します。なお、ご購入の商品発送の他に、当社発行の書籍案内、書籍に関する調査に使用させて頂く場合がございますので、予めご了承ください。

日本学習図書株式会社
http://www.nichigaku.jp

昭和学院小学校　専用注文書

年　　月　　日

合格のための問題集ベスト・セレクション

＊入試頻出分野ベスト３

1st　お話の記憶
聞く力　集中力

2nd　図　形
考える力　観察力

3rd　口頭試問
聞く力　話す力　考える力

ペーパーテストの出題範囲は、多岐にわたってバランスよく出題されています。口頭試問においても「聞く」「話す」だけでなく、ペーパーテスト同様の「考える力」が求められる問題が見られます。

分野	書　名	価格(税込)	注文	分野	書　名	価格(税込)	注文
図形	Ｊｒ・ウォッチャー3「パズル」	1,650円	冊	知識	Ｊｒ・ウォッチャー34「季節」	1,650円	冊
図形	Ｊｒ・ウォッチャー6「系列」	1,650円	冊	数量	Ｊｒ・ウォッチャー38「たし算・ひき算1」	1,650円	冊
常識	Ｊｒ・ウォッチャー12「日常生活」	1,650円	冊	数量	Ｊｒ・ウォッチャー39「たし算・ひき算2」	1,650円	冊
数量	Ｊｒ・ウォッチャー14「数える」	1,650円	冊	数量	Ｊｒ・ウォッチャー42「一対多の対応」	1,650円	冊
数量	Ｊｒ・ウォッチャー16「積み木」	1,650円	冊	言語	Ｊｒ・ウォッチャー49「しりとり」	1,650円	冊
言語	Ｊｒ・ウォッチャー17「言葉の音遊び」	1,650円	冊	図形	Ｊｒ・ウォッチャー53「四方からの観察（積み木編）」	1,650円	冊
言語	Ｊｒ・ウォッチャー18「いろいろな言葉」	1,650円	冊	知識	Ｊｒ・ウォッチャー55「理科②」	1,650円	冊
想像	Ｊｒ・ウォッチャー21「お話作り」	1,650円	冊		1話5分の読み聞かせお話集①・②	1,980円	各　冊
想像	Ｊｒ・ウォッチャー22「想像画」	1,650円	冊		新 口頭試問・個別テスト問題集	2,750円	冊
巧緻性	Ｊｒ・ウォッチャー23「切る・貼る・塗る」	1,650円	冊		新ノンペーパーテスト問題集	2,860円	冊
巧緻性	Ｊｒ・ウォッチャー24「絵画」	1,650円	冊		口頭試問最強マニュアル　ペーパーレス編	2,200円	冊
知識	Ｊｒ・ウォッチャー27「理科」	1,650円	冊		新 運動テスト問題集	2,220円	冊
観察	Ｊｒ・ウォッチャー29「行動観察」	1,650円	冊		新小学校受験の入試面接Q＆A	2,860円	冊
推理	Ｊｒ・ウォッチャー31「推理思考」	1,650円	冊		実践 ゆびさきトレーニング①・②・③	2,750円	各　冊

合計	冊	円

（フリガナ） 氏　名	電　話 ＦＡＸ E-mail
住 所　〒　　　－	以前にご注文されたことはございますか。 有　・　無

★お近くの書店、または記載の電話・FAX・ホームページにてご注文をお受けしております。
電話：03-5261-8951　FAX：03-5261-8953　代金は書籍合計金額＋送料がかかります。
※なお、落丁・乱丁以外の理由による商品の返品・交換には応じかねます。

★ご記入頂いた個人に関する情報は、当社にて厳重に管理致します。なお、ご購入の商品発送の他に、当社発行の書籍案内、書籍に関する調査に使用させて頂く場合がございますので、予めご了承ください。

日本学習図書株式会社
http://www.nichigaku.jp

図書カード 1000 円分プレゼント

ご記入日 令和　　年　　月　　日

☆国・私立小学校受験アンケート☆

※可能な範囲でご記入下さい。選択肢は〇で囲んで下さい。

〈小学校名〉＿＿＿＿＿＿＿＿＿＿　〈お子さまの性別〉男・女　〈誕生月〉＿＿月

〈その他の受験校〉（複数回答可）＿＿＿＿＿＿＿＿＿＿＿＿＿＿＿＿

〈受験日〉①：＿＿月＿＿日〈時間〉＿＿時＿＿分　～　＿＿時＿＿分

②：＿＿月＿＿日〈時間〉＿＿時＿＿分　～　＿＿時＿＿分

〈受験者数〉男女計＿＿名　（男子＿＿名　女子＿＿名）

〈お子さまの服装〉＿＿＿＿＿＿＿＿＿＿＿＿＿＿

〈入試全体の流れ〉（記入例）準備体操→行動観察→ペーパーテスト

＿＿＿＿＿＿＿＿＿＿＿＿＿＿＿＿＿＿＿＿

Eメールによる情報提供

日本学習図書では、Eメールでも入試情報を募集しております。

下記のアドレスに、アンケートの内容をご入力の上、メールをお送り下さい。

ojuken@nichigaku.jp

●行動観察　（例）好きなおもちゃで遊ぶ・グループで協力するゲームなど

〈実施日〉＿＿月＿＿日〈時間〉＿＿時＿＿分　～　＿＿時＿＿分　〈着替え〉□有 □無

〈出題方法〉□肉声 □録音 □その他（　　　　　）〈お手本〉□有 □無

〈試験形態〉□個別 □集団（　　人程度）　〈会場図〉

〈内容〉

□自由遊び

＿＿＿＿＿＿＿＿＿＿＿＿＿＿＿＿＿＿

□グループ活動

＿＿＿＿＿＿＿＿＿＿＿＿＿＿＿＿＿＿

□その他

＿＿＿＿＿＿＿＿＿＿＿＿＿＿＿＿＿＿

●運動テスト（有・無）　（例）跳び箱・チームでの競争など

〈実施日〉＿＿月＿＿日〈時間〉＿＿時＿＿分　～　＿＿時＿＿分　〈着替え〉□有 □無

〈出題方法〉□肉声 □録音 □その他（　　　　　）〈お手本〉□有 □無

〈試験形態〉□個別 □集団（　　人程度）　〈会場図〉

〈内容〉

□サーキット運動

□走り □跳び箱 □平均台 □ゴム跳び

□マット運動 □ボール運動 □なわ跳び

□クマ歩き

□グループ活動＿＿＿＿＿＿＿＿＿＿＿＿＿＿

□その他＿＿＿＿＿＿＿＿＿＿＿＿＿＿＿＿

日本学習図書株式会社

●知能テスト・口頭試問

〈実施日〉 ＿＿月＿＿日 〈時間〉 ＿＿時＿＿分 ～ ＿＿時＿＿分 〈お手本〉□有 □無

〈出題方法〉 □肉声 □録音 □その他（　　　　　　） 〈問題数〉 ＿＿枚 ＿＿問

分野	方法	内　　　容	詳　細・イ　ラ　ス　ト
（例） お話の記憶	☑筆記 □口頭	動物たちが待ち合わせをする話	（あらすじ） 動物たちが待ち合わせをした。最初にウサギさんが来た。次にイヌくんが、その次にネコさんが来た。最後にタヌキくんが来た。 （問題・イラスト） ３番目に来た動物は誰か 
お話の記憶	□筆記 □口頭		（あらすじ） （問題・イラスト）
図形	□筆記 □口頭		
言語	□筆記 □口頭		
常識	□筆記 □口頭		
数量	□筆記 □口頭		
推理	□筆記 □口頭		
その他	□筆記 □口頭		

●制作　（例）ぬり絵・お絵かき・工作遊びなど

〈実施日〉＿＿月＿＿日〈時間〉＿＿時＿＿分～＿＿時＿＿分

〈出題方法〉 □肉声 □録音 □その他（　　　　　　） 〈お手本〉□有 □無

〈試験形態〉 □個別 □集団（　　　人程度）

材料・道具	制作内容
□ハサミ □のり（□つぼ □液体 □スティック） □セロハンテープ □鉛筆 □クレヨン（　色） □クーピーペン（　色） □サインペン（　色）□ □画用紙（□ A4 □ B4 □ A3 □その他：　　　　） □折り紙 □新聞紙 □粘土 □その他（　　　　）	□切る □貼る □塗る □ちぎる □結ぶ □描く □その他（　　　　） タイトル：＿＿＿＿＿＿＿＿

●面接

〈実施日〉＿＿月＿＿日〈時間〉＿＿時＿＿分～＿＿時＿＿分〈面接担当者〉＿＿名

〈試験形態〉□志願者のみ（　）名 □保護者のみ □親子同時 □親子別々

〈質問内容〉

□志望動機　□お子さまの様子

□家庭の教育方針

□志望校についての知識・理解

□その他（　　　　　　　　）

（　詳　細　）

・

・

・

・

※試験会場の様子をご記入下さい。

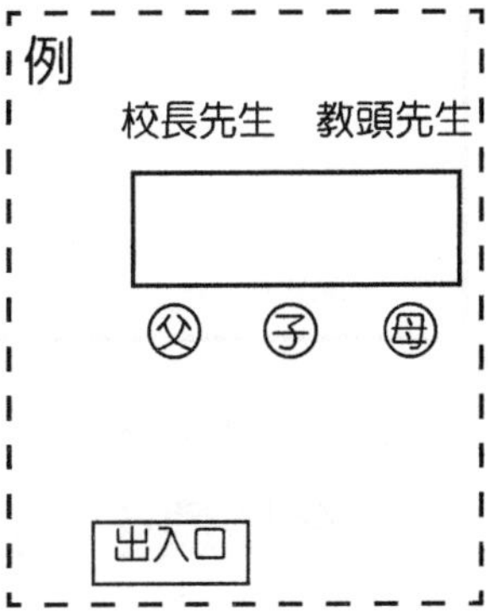

●保護者作文・アンケートの提出（有・無）

〈提出日〉 □面接直前 □出願時 □志願者考査中 □その他（　　　　　　）

〈下書き〉 □有 □無

〈アンケート内容〉

（記入例）当校を志望した理由はなんですか（150 字）

●**説明会**（□有　□無）〈開催日〉　　月　　日〈時間〉　　時　　分　～　　時　　分

〈上履き〉　□要　□不要〈願書配布〉　□有　□無〈校舎見学〉　□有　□無

〈ご感想〉

●**参加された学校行事**（複数回答可）

公開授業〈開催日〉　　月　　日〈時間〉　　時　　分　～　　時　　分

運動会など〈開催日〉　　月　　日〈時間〉　　時　　分　～　　時　　分

学習発表会・音楽会など〈開催日〉　　月　　日〈時間〉　　時　　分　～　　時　　分

〈ご感想〉

※是非参加したほうがよいと感じた行事について

●**受験を終えてのご感想、今後受験される方へのアドバイス**

※対策学習（重点的に学習しておいた方がよい分野）、当日準備しておいたほうがよい物など

＊＊＊＊＊＊＊＊＊＊＊＊　ご記入ありがとうございました　＊＊＊＊＊＊＊＊＊＊＊＊

必要事項をご記入の上、ポストにご投函ください。

なお、本アンケートの送付期限は入試終了後３ヶ月とさせていただきます。また、入試に関する情報の記入量が当社の基準に満たない場合、謝礼の送付ができないことがございます。あらかじめご了承ください。

ご住所：〒

お名前：　　　　　　　　　　メール：

ＴＥＬ：　　　　　　　　　　ＦＡＸ：

アンケートのご記入ありがとうございました

ご記入頂いた個人に関する情報は、当社にて厳重に管理致します。弊社の個人情報取り扱いに関する詳細は、www.nichigaku.jp/policy.php の「個人情報の取り扱い」をご覧下さい。

分野別 小学入試練習帳 ジュニアウォッチャー

1．点・線図形	小学校入試で出題頻度の高い『点・線図形』の模写を、難易度の低いものから段階別に幅広く練習することができるように構成。
2．座標	図形の位置模写という作業を、難易度の低いものから段階別に練習できるように構成。
3．パズル	様々なパズルの問題を難易度の低いものから段階別に練習できるように構成。
4．同図形探し	小学校入試で出題頻度の高い、同図形選びの問題を繰り返し練習できるように構成。
5．回転・展開	図形などを回転、または展開したとき、形がどのように変化するかを学習し、理解を深められるように構成。
6．系列	数、図形などの様々な系列問題を、難易度の低いものから段階別に練習できるように構成。
7．迷路	迷路の問題を繰り返し練習できるように構成。
8．対称	対称に関する問題を４つのテーマに分類し、各テーマごとに問題を段階別に練習できるように構成。
9．合成	図形の合成に関する問題を、難易度の低いものから段階別に練習できるように構成。
10．四方からの観察	もの（立体）を様々な角度から見て、どのように見えるかを推理する問題を段階別に整理し、１つの形式で複数の問題を練習できるように構成。
11．いろいろな仲間	ものや動物、植物の共通点を見つけ、分類していく問題を中心に構成。
12．日常生活	日常生活における様々な問題を６つのテーマに分類し、各テーマごとに一つの問題形式で複数の問題を練習できるように構成。
13．時間の流れ	『時間』に着目し、様々なものごとは、時間が経過するとどのように変化するのかということを学習し、理解できるように構成。
14．数える	様々なものを『数える』ことから、数の多少の判定やかけ算、わり算の基礎までを練習できるように構成。
15．比較	比較に関する問題を５つのテーマ（数、高さ、長さ、量、重さ）に分類し、各テーマごとに問題を段階別に練習できるように構成。
16．積み木	数える対象を積み木に限定した問題集。
17．言葉の音遊び	言葉の音に関する問題を５つのテーマに分類し、各テーマごとに問題を段階別に練習できるように構成。
18．いろいろな言葉	表現力をより豊かにするいろいろな言葉として、擬態語や擬声語、同音異義語、反意語、数詞を取り上げた問題集。
19．お話の記憶	お話を聴いてその内容を記憶、理解し、設問に答える形式の問題集。
20．見る記憶・聴く記憶	「見て憶える」「聴いて憶える」という『記憶』分野に特化した問題集。
21．お話作り	いくつかの絵を元にしてお話を作る練習をして、想像力を養うことができるように構成。
22．想像画	描かれてある形や景色に好きな絵を描くことにより、想像力を養うことができるように構成。
23．切る・貼る・塗る	小学校入試で出題頻度の高い、はさみやのりなどを用いた巧緻性の問題を繰り返し練習できるように構成。
24・絵画	小学校入試で出題頻度の高い、お絵かきやぬり絵などクレヨンやクーピーペンを用いた巧緻性の問題を繰り返し練習できるように構成。
25．生活巧緻性	小学校入試で出題頻度の高い日常生活の様々な場面における巧緻性の問題集。
26．文字・数字	ひらがなの清音、濁音、拗音、拗長音、促音と１～20までの数字に焦点を絞り、練習できるように構成。
27．理科	小学校入試で出題頻度が高くなりつつある理科の問題を集めた問題集。
28．運動	出題頻度の高い運動問題を種目別に分けて構成。
29．行動観察	項目ごとに問題提起をし、「このような時はどうか、あるいはどう対処するのか」の観点から問いかける形式の問題集。
30．生活習慣	学校から家庭に提起された問題と思って、一問一問絵を見ながら話し合い、考える形式の問題集。
31．推理思考	数、量、言語、常識（含理科、一般）など、諸々のジャンルから問題を構成し、近年の小学校入試問題傾向に沿って構成。
32．ブラックボックス	箱や筒の中を通ると、どのようなお約束でどのように変化するかを推理・思考する問題集。
33．シーソー	重さの違うものをシーソーに乗せた時どちらに傾くのか、またどうすればシーソーは釣り合うのかを思考する基礎的な問題集。
34．季節	様々な行事や植物などを季節別に分類できるように知識をつける問題集。
35．重ね図形	小学校入試で頻繁に出題されている「図形を重ね合わせてできる形」についての問題を集めました。
36．同数発見	様々な物を数え「同じ数」を発見し、数の多少の判断や数の認識の基礎を学べるように構成した問題集。
37．選んで数える	数の学習の基本となる、いろいろなものの数を正しく数える学習を行う問題集。
38．たし算・ひき算１	数字を使わず、たし算とひき算の基礎を身につけるための問題集。
39．たし算・ひき算２	数字を使わず、たし算とひき算の基礎を身につけるための問題集。
40．数を分ける	数を等しく分ける問題です。等しく分けたときに余りが出るものもあります。
41．数の構成	ある数がどのような数で構成されているか学んでいきます。
42．一対多の対応	一対一の対応から、一対多の対応まで、かけ算の考え方の基礎学習を行います。
43．数のやりとり	あげたり、もらったり、数の変化をしっかりと学びます。
44．見えない数	指定された条件から数を導き出します。
45．図形分割	図形の分割に関する問題集。パズルや合成の分野にも通じる様々な問題を集めました。
46．回転図形	「回転図形」に関する問題集。やさしい問題から始め、いくつかの代表的なパターンから、段階を踏んで学習できるよう編集されています。
47．座標の移動	「マス目の指示通りに移動する問題」と「指示された数だけ移動する問題」を収録。
48．鏡図形	鏡で左右反転させた時の見え方を考えます。平面図形から立体図形、文字、絵まで。
49．しりとり	すべての学習の基礎となる「言葉」を学ぶこと、特に「語彙」を増やすことに重点をおき、さまざまなタイプの「しりとり」問題を集めました。
50．観覧車	観覧車やメリーゴーラウンドなどを舞台にした「回転系列」の問題集。「推理思考」分野の問題ですが、要素として「図形」や「数量」も含みます。
51．運筆①	鉛筆の持ち方を学び、点線なぞり、お手本を見ながらの模写で、線を引く練習をします。
52．運筆②	運筆①からさらに発展し、「欠所補完」や「迷路」などを楽しみながら、より複雑な鉛筆運びを習得することを目指します。
53．四方からの観察 積み木編	積み木を使用した「四方からの観察」に関する問題を練習できるように構成。
54．図形の構成	見本の図形がどのような部分によって形づくられているかを考えます。
55．理科②	理科的知識に関する問題を集中して練習する「常識」分野の問題集。
56．マナーとルール	道路や駅、公共の場でのマナー、安全や衛生に関する常識を学べるように構成。
57．置き換え	さまざまな具体的・抽象的事象を記号で表す「置き換え」の問題を扱います。
58．比較②	長さ・高さ・体積・数などを数学的な知識を使わず、論理的に推測する「比較」の問題を練習できるように構成。
59．欠所補完	線と線のつながり、欠けた絵に当てはまるものなどを求める「欠所補完」に取り組める問題集です。
60．言葉の音（おん）	しりとり、決まった順番の音をつなげるなど、「言葉の音」に関する問題に取り組める練習問題集です。

◆◆ニチガクのおすすめ問題集◆◆

より充実した家庭学習を目指し、ニチガクではさまざまな問題集をとりそろえております!!

サクセスウォッチャーズ（全18巻）

①〜⑱
本体各¥2,200＋税

全9分野を「基礎必修編」「実力アップ編」の2巻でカバーした、合計18冊。

各巻80問と豊富な問題数に加え、他の問題集では掲載していない詳しいアドバイスが、お子さまを指導する際に役立ちます。

各ページが、すぐに使えるミシン目付き。本番を意識したドリルワークが可能です。

ジュニアウォッチャー（既刊60巻）

①〜⑥⓪（以下続刊）
本体各¥1,500＋税

入試出題頻度の高い9分野を、さらに60の項目にまで細分化。基礎学習に最適のシリーズ。

苦手分野におけるつまずきを、効率よく克服するための60冊です。

ポイントが絞られているため、無駄なく高い効果を得られます。

国立・私立NEWウォッチャーズ

言語／理科／図形／記憶
常識／数量／推理
本体各¥2,000＋税

シリーズ累計発行部数40万部以上を誇る大ベストセラー「ウォッチャーズシリーズ」の趣旨を引き継ぐ新シリーズ!!

実際に出題された過去問の「類題」を32問掲載。全問に「解答のポイント」付きだから家庭学習に最適です。「ミシン目」付き切り離し可能なプリント学習タイプ！

実践 ゆびさきトレーニング①・②・③

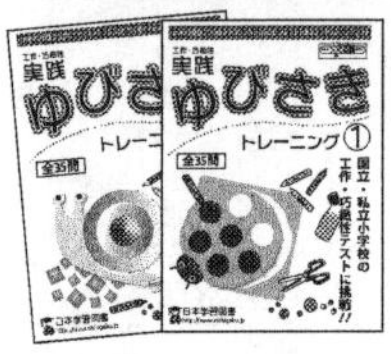

本体各¥2,500＋税

制作問題に特化した一冊。有名校が実際に出題した類似問題を35問掲載。

様々な道具の扱い（はさみ・のり・セロハンテープの使い方）から、手先・指先の訓練（ちぎる・貼る・塗る・切る・結ぶ）、また、表現することの楽しさも経験できる問題集です。

お話の記憶・読み聞かせ

［お話の記憶問題集］
中級／上級編
本体各¥2,000＋税

初級／過去類似編／ベスト30
本体各¥2,600＋税

1話5分の読み聞かせお話集①・②、入試実践編①
本体各¥1,800＋税

あらゆる学習に不可欠な、語彙力・集中力・記憶力・理解力・想像力を養うと言われているのが「お話の記憶」分野の問題。問題集は全問アドバイス付き。

分野別 苦手克服シリーズ（全6巻）

図形／数量／言語／
常識／記憶／推理
本体各¥2,000＋税

数量・図形・言語・常識・記憶の6分野。アンケートに基づいて、多くのお子さまがつまづきやすい苦手問題を、それぞれ40問掲載しました。

全問アドバイス付きですので、ご家庭において、そのつまづきを解消するためのプロセスも理解できます。

運動テスト・ノンペーパーテスト問題集

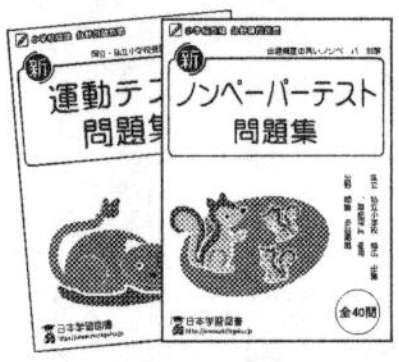

新 運動テスト問題集
本体¥2,200＋税

新 ノンペーパーテスト問題集
本体¥2,600＋税

ノンペーパーテストは国立・私立小学校で幅広く出題される、筆記用具を使用しない分野の問題を全40問掲載。

運動テスト問題集は運動分野に特化した問題集です。指示の理解や、ルールを守る訓練など、ポイントを押さえた学習に最適。全35問掲載。

口頭試問・面接テスト問題集

新 口頭試問・個別テスト問題集
本体¥2,500＋税

面接テスト問題集
本体¥2,000＋税

口頭試問は、主に個別テストとして口頭で出題解答を行うテスト形式。面接は、主に「考え」やふだんの「あり方」をたずねられるものです。

口頭で答える点は同じですが、内容は大きく異なります。想定する質問内容や答え方の幅を広げるために、どちらも手にとっていただきたい問題集です。

小学校受験 厳選難問集 ①・②

本体各¥2,600＋税

実際に出題された入試問題の中から、難易度の高い問題をピックアップし、アレンジした問題集。応用問題への挑戦は、基礎の理解度を測るだけでなく、お子さまの達成感・知的好奇心を触発します。

①は数量・図形・推理・言語、②は位置・常識・比較・記憶分野の難問を掲載。それぞれ40問。

国立小学校　対策問題集

国立小学校入試問題A・B・C（全3巻）**本体各¥3,282＋税**

新 国立小学校直前集中講座
本体¥3,000＋税

国立小学校頻出の問題を厳選。細かな指導方法やアドバイスが掲載してあり、効率的な学習が進められます。「総集編」は難易度別にA〜Cの3冊。付録のレーダーチャートにより得意・不得意を認識でき、国立小学校受験対策に最適です。入試直前の対策には「新 直前集中講座」！

おうちでチャレンジ ①・②

本体各¥1,800＋税

関西最大級の模擬試験である小学校受験標準テストのペーパー問題を編集した実力養成に最適な問題集。延べ受験者数10,000人以上のデータを分析しお子さまの習熟度・到達度を一目で判別。

保護者必読の特別アドバイス収録！

Q＆Aシリーズ

『小学校受験で知っておくべき125のこと』
『小学校受験に関する 保護者の悩みQ＆A』
『新 小学校受験の入試面接Q＆A』
『新 小学校受験 願書・アンケート文例集500』
本体各¥2,600＋税
『小学校受験のための
願書の書き方から面接まで』
本体¥2,500＋税

「知りたい！」「聞きたい！」「こんな時どうすれば…？」そんな疑問や悩みにお答えする、オススメの人気シリーズです。

書籍についてのご注文・お問い合わせ
☎ 03-5261-8951

http://www.nichigaku.jp
※ご注文方法、書籍についての詳細は、Webサイトをご覧ください。

日本学習図書　検索

家庭学習をトータルサポート！ ニチガクのオリジナル 効果的 学習法

1 まずはアドバイスページを読む！

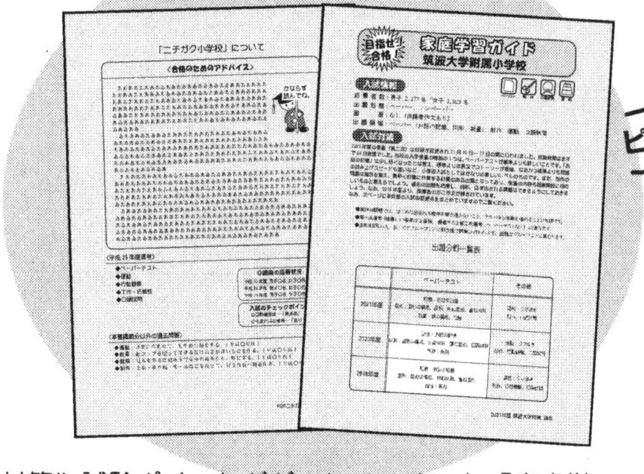

ピンク色です

対策や試験ポイントがぎっしりつまった「家庭学習ガイド」。分野アイコンで、試験の傾向をおさえよう！

2 問題をすべて読み、出題傾向を把握する

3 「学習のポイント」で学校側の観点や問題の解説を熟読

4 はじめて過去問題にチャレンジ！

5 プラスα 対策問題集や類題で力を付ける

過去問のこだわり

最新問題は問題ページ、イラストページ、解答・解説ページが独立しており、お子さまにすぐに取り掛かっていただける作りになっています。
ニチガクの学校別問題集ならではの、学習法を含めたアドバイスを利用して効率のよい家庭学習を進めてください。

各問題のジャンル

問題8 分野：図形（構成・重ね図形）

〈準 備〉 鉛筆、消しゴム

〈問 題〉 ①この形は、左の三角形を何枚使ってできていますか。その数だけ右の四角に○を書いてください。
②左の絵の一番下になっている形に○をつけてください。
③左には、透明な板に書かれた３枚の絵があります。この絵をそのまま３枚重ねると、どうなりますか。右から選んで○をつけてください。
④左には、透明な板に書かれた３枚の絵があります。この絵をそのまま３枚重ねると、どうなりますか。右から選んで○をつけてください。

〈時 間〉 各20秒

〈解 答〉 ①○４つ ②中央 ③右端 ④右端

学習のポイント

空間認識力を総合的に観ることができる問題構成といえるでしょう。これらの３問を見て、どの問題もすんなりと解くことができたでしょうか。当校の入試は、基本問題は確実に解き、難問をどれだけ正解するかで合格が近づいてきます。その観点からいうなら、この問題は全問正解したい問題に入ります。この問題も、お子さま自身に答え合わせをさせることをおすすめいたします。自分で実際に確認することでどのようになっているのか把握することが可能で、理解度が上がります。実際に操作したとき、どうなっているのか。何処がポイントになるのかなど、質問をすると、答えることが確認作業になるため、知識の習得につながります。形や条件を変え、色々な問題にチャレンジしてみましょう。

【おすすめ問題集】
Jr.ウォッチャー45「図形分割」

学習のポイント

各問題の解説や学校の観点、指導のポイントなどを教えます。
今日から保護者の方が家庭学習の先生に！

おすすめ対策問題集

分野ごとに対策問題集をご紹介。苦手分野の克服に最適です！
＊専用注文書付き。

2024年度版 国府台女子学院小学部
昭和学院小学校
過去問題集

発行日 2023年7月26日
発行所 〒162-0821 東京都新宿区津久戸町 3-11-9F
日本学習図書株式会社
電 話 03-5261-8951 ㈹

ISBN978-4-7761-5498-3
C6037 ¥2000E

9784776154983

定価 2,200 円
（本体 2,000 円＋税 10%）

1926037020004

詳細は http://www.nichigaku.jp 日本学習図書 検索